DE PAIS PARA FILHOS

COMO REALIZAR SONHOS EM FAMÍLIA

O PODER DA TRANSFORMAÇÃO PELA EDUCAÇÃO DO COMPORTAMENTO FINANCEIRO

dsop editora

Presidente PhD Reinaldo Domingos
Autores Andreza Stanoski Rocha
Anni Cristini Vencato
Daniele Ristow Canuto Xavier
Eduardo M. Reis Filho
Emilene Faria Mesquita
Evandra Martins
Karine Rosangela Lindner
Paulo Renato Oliveira
Roberto Tarquinio
Coordenadora editorial Laila Mascarenhas
Editora de texto Catarina Arimatéia
Editora de arte Marisa Corazza
Preparadora de texto Heloisa Hernadez
Organizador da obra mentor PhD Reinaldo Domingos

Dados Internacionais de Catalogação na Publicação (CIP)
(Câmara Brasileira do Livro, SP, Brasil)

De pais para filhos : como realizar sonhos em
família : o poder da transformação pela educação
do comportamento financeiro /
[organização Reinaldo Domingos]. -- São Paulo : Editora DSOP, 2023.

Vários autores.
ISBN 978-85-8276-562-3

1. Crianças - Finanças pessoais 2. Educação
financeira 3. Pais - Finanças pessoais 4. Pais e filhos I. Domingos,
Reinaldo.

23-163074 CDD-332.0240085

Índices para catálogo sistemático:
1. Crianças : Educação financeira : Economia
332.0240085

Cibele Maria Dias - Bibliotecária - CRB-8/9427

dsop
editora

Rua Alba, 88 - Parque Jabaquara
São Paulo - SP - CEP: 04346-000
www.editoradsop.com.br - www.dsop.com.br

Foto de capa
Jaromir Chalabala/Shutterstock

Guardar parte do dinheiro que passará por suas mãos para a realização de seus desejos e sonhos.

A partir do momento em que a criança incorpora esta lição e começa a praticá-la, estará desenvolvendo um dos principais ensinamentos de sua vida!

Reinaldo Domingos é PhD pela Florida Christian University, com teses sobre Educação Financeira e Educação Empreendedora embasadas na Metodologia DSOP e no Método EMVI. É presidente da Associação Brasileira de Profissionais de Educação Financeira (ABEFIN).

Educador e terapeuta financeiro, é autor com mais de 10 milhões de livros vendidos sobre o tema Educação Financeira, que contemplam o *long-seller Terapia financeira* e os livros *Por que enfrentamos crises e não estamos preparados?*; *Nome sujo pode ser a solução*; *Empreender vitorioso com sonhos e lucro em primeiro lugar*; *Mesada não é só dinheiro*; *Eu mereço ter dinheiro*; *The dreams*; *Ter dinheiro não tem segredo* e *Meu pet cabe no meu bolso.*

Publicou diversos livros voltados para os públicos adulto, juvenil e infantil, entre eles coleções didáticas e paradidáticas sobre Educação Financeira, academicamente comprovadas para o Ensino Básico e adotadas por diversas escolas públicas e privadas. É autor da obra *O Diário dos sonhos*, aprovada pelo PNLD 2022 para o público infantil, e coautor de *Juventude plural – Projeto de vida*, aprovada pelo PNLD 2021 para o Ensino Médio. Reinaldo também criou as primeiras graduação (tecnólogo) e pós-graduação, e os primeiros mestrado e doutorado em Educação Financeira (presencial e online) do Brasil.

É o criador da primeira franquia de Educação Financeira no país. E idealizou o www.dflix.com.br, o primeiro *streaming* do Brasil que alia Educação Financeira a entretenimento. Em seu canal do Youtube, *Dinheiro à vista*, fala sobre o tema semanalmente.

PREFÁCIO

A MAIOR HERANÇA

"Este é um livro sobre herança. A maior delas, aquela que garantirá um futuro tranquilo, próspero e feliz para os nossos filhos: a conquista da independência financeira com sabedoria e estratégia.

Quando nossos filhos voam do ninho, sem a rede de segurança familiar para ampará-los, o que todos nós desejamos é que tenham caráter em suas relações, coragem para enfrentar as adversidades, capacidade para administrar o dia a dia pessoal e profissional e a habilidade de correr atrás de seus sonhos e realizá-los. Um longo aprendizado, sem dúvida, que tem início ainda na infância, naquele momento em que nossas crianças começam a falar e já pedem um presente, um brinquedo, um suco fora de hora ou uma moedinha para comprar sorvete.

E é exatamente nesse momento que os pais passam a exercer um de seus papéis mais importantes, que é o de ensinar e preparar os pequenos para a vida adulta. Como mostra esta quarta obra do projeto Meu Primeiro Livro, da Associação Brasileira de Profissionais de Educação Financeira – ABEFIN, lançado pela Editora DSOP.

Em de *Pais para Filhos*, nove profissionais experientes, amigos queridos e profissionais da Educação Financeira na **Metodologia DSOP**, da qual sou mentor, contam como transformaram questões relacionadas a dinheiro – que ainda hoje é tabu em muitas casas –, em assunto de família, amplamente debatido com parceiros e, principalmente, com os filhos. Como base de cada discussão, está a metodologia que os ensinou a sonhar e, ainda mais importante, transformar os desejos em realidade, seguindo quatro pilares: Diagnosticar, Sonhar, Orçar e Poupar. Todos aprenderam juntos.

Conheça, agora, as histórias dos autores brasileiros: Eduardo, Andreza, Anni, Daniele, Emilene, Karine, Paulo, Roberto e da autora africana Evandra, com certeza você se identificará com uma delas. Ou mais. E, assim como eles, também poderá tomar as rédeas de sua vida financeira, organizá-la e passar os ensinamentos para os seus filhos e netos, que multiplicarão o conhecimento para as futuras gerações.

Vamos juntos desfrutar da beleza desse sonho!

PhD Reinaldo Domingos

11 **ANDREZA STANOSKI ROCHA**
O PLANEJAMENTO COMO INSTRUMENTO DE INDEPENDÊNCIA FINANCEIRA

21 **ANNI CRISTINI VENCATO**
A TERAPIA FINANCEIRA PARA REALIZAÇÃO DOS SONHOS DE NOSSOS FILHOS

41 **DANIELE RISTOW CANUTO XAVIER**
MATERNIDADE: PONTO DE PARTIDA PARA A TRANSFORMAÇÃO FINANCEIRA

59 **EDUARDO M. REIS FILHO**
INTELIGÊNCIA FINANCEIRA, HERANÇA DE PAI PARA FILHOS

75 **EMILENE FARIA MESQUITA**
MÃE POBRE, FILHA RICA: UM SONHO VIÁVEL

89 **EVANDRA MARTINS**
EDUCAÇÃO FINANCEIRA,
UMA QUESTÃO DE COMPORTAMENTO

109 **KARINE ROSANGELA LINDNER**
A IMPORTÂNCIA DE ENSINAR AS
CRIANÇAS A ADMINISTRAR O DINHEIRO

133 **PAULO RENATO OLIVEIRA**
CONSTRUINDO UMA NOVA GERAÇÃO
POR MEIO DA EDUCAÇÃO FINANCEIRA

147 **ROBERTO TARQUINIO**
EDUCAÇÃO FINANCEIRA COMO BASE
PARA OS SONHOS DE NOSSOS FILHOS

CONHECI A METODOLOGIA DSOP EM 2012, AO LER O LIVRO TERAPIA FINANCEIRA, DO REINALDO DOMINGOS, QUANDO MINHA FILHA TINHA 11 ANOS DE IDADE. AO COMPLETAR 15 ANOS, NÃO CONSEGUI LEVÁ-LA PARA A DISNEY

O PLANEJAMENTO COMO INSTRUMENTO DE INDEPENDÊNCIA FINANCEIRA

ARQUIVO PESSOAL

Andreza Stanoski Rocha é bacharel em Teologia, Filosofia e Estudos da Religião, pela Universidade Presbiteriana Mackenzie, e pós-graduada em Educação Financeira com Neurociência para Docentes – **Metodologia DSOP**, pela Universidade do Oeste Paulista – Unoeste.

É cofundadora da Dream Company Inteligência de Negócios & Finanças, empresa atuante no mercado desde novembro de 2011, prestando consultoria financeira a mais de duzentas famílias empreendedoras. Além de educadora financeira, é palestrante e membro da Associação Brasileira de Profissionais de Educação Financeira – ABEFIN, e certificada pelo Serviço Nacional de Aprendizagem do Cooperativismo no Estado de São Paulo – Sescoop-SP. É também autora do livro *Trabalhadores não precisam ser pobres: educação financeira transforma vidas*, publicado pela Editora DSOP.

Conheci a **Metodologia DSOP** em 2012, ao ler o livro *Terapia financeira*, do Reinaldo Domingos, quando minha filha tinha 11 anos de idade. Ao completar 15 anos, não consegui levá-la para a Disney, como era minha vontade, mas ela realizou o sonho dela: assistir ao show do grupo sul-coreano BTS.

Sem perceber, eu quase induzi minha filha a realizar um sonho que não era dela, mas era meu: ir para a Disney! E como uma mãe frustrada pode projetar seus sonhos nos seus filhos, não é mesmo? Hoje, a minha filha já tem 21 anos, o tempo passou e felizmente ela trabalha com o que gosta, mas nem sempre foi assim.

Com a pandemia, enfrentamos um momento difícil: nossa reserva financeira se esgotou e fomos trabalhar em um restaurante. Eu vi minha filha ter crises de ansiedade e, mesmo assim, para ajudar a termos mais fontes de renda em casa, ela cumpria jornadas de trabalho de doze horas. Em certo momento, ela veio me perguntar se poderia sair daquele trabalho, pois não aguentava mais. A minha resposta foi muito rápida: "Pode sair, filha. Sei que você gosta de dança e vamos conseguir algo no seu ramo".

A satisfação de qualquer filho adolescente precisa estar na realização de seus sonhos, em trabalhar no que deseja e não apenas no simples acúmulo de dinheiro. Sabemos que se pode comprar muita coisa com ele, mas, caso obter renda seja a única finalidade, seu filho pode passar por uma crise e deixar a sua felicidade nas mãos dos "outros", como estava acontecendo com a minha filha!

A ansiedade tomou conta dessa geração e, infelizmente, em vez de cuidar dos nossos filhos, ficamos comparando o comportamento deles com os nossos, que vivemos em uma época totalmente diferente, na idade deles. Então, se você vir o seu filho indeciso, ansioso ou até mesmo apático demais, procure ajudá-lo, levando a um especialista.

Eu, por exemplo, tornei-me consultora financeira porque amo ajudar famílias empreendedoras, gosto de ver a transformação na vida delas, de ensinar sobre a autorresponsabilidade e – o mais importante – de acompanhar a realização dos sonhos dessas famílias.

Hoje, minha filha dá aulas de dança em duas academias, está tirando a sua habilitação e ainda guarda sempre de 10% a 20% de seu salário para alcançar os seus objetivos pessoais.

Acredito que, quando eu não estiver mais ao seu lado, ela terá como aprendizado aquilo que eu fazia dentro de casa. Já errei muito, mas o conhecimento abriu meus olhos e sei que deixamos como ensinamento aquilo que acertamos fazer.

Antes da pandemia, em 2019, eu e meu marido estávamos no auge de nossas carreiras e, sem compreender, dávamos tudo o que não tivemos para a nossa filha: ela ficava em casa e saía somente para ir à escola técnica de dança ou então para ensaiar com o seu grupo de amigas. Eu mesma tenho a consciência de que mimei muito a minha filha, e financeiramente ela percebia a segurança que tinha dentro de casa.

Quando a pandemia chegou, viemos morar em Ubatuba e ela começou a sentir a necessidade de ter o seu próprio carro para ter mais mobilidade e dar as suas aulas, pois aqui não havia tanto transporte público e táxis como em São Paulo.

O foco dela hoje é voltar a morar em São Paulo, então sentamos juntas e fizemos o planejamento financeiro dela para o ano que vem. Os meus pais me viram sair de casa aos 18 anos e hoje ela, com 21 anos, quer fazer o mesmo: tornar-se independente dos pais.

No planejamento dela, colocamos todos os custos fixos e os valores que ela precisa ter como reserva financeira. Meu marido, especialista em *coaching*, foi mostrando as estratégias necessárias que ela deve pôr em prática quando estiver morando sozinha.

Hoje, como professora de dança, ela administra muito bem o salário que recebe e continua investindo seu dinheiro em renda fixa.

“EM VEZ DE CUIDAR DOS NOSSOS FILHOS, FICAMOS COMPARANDO O COMPORTAMENTO DELES COM OS NOSSOS, QUE VIVEMOS EM UMA ÉPOCA TOTALMENTE DIFERENTE, NA IDADE DELES.

Na minha adolescência, eu me lembro de que não tinha ideia do que eu queria fazer. Fui estudar Ciência da Computação, pois dizia-se na época que era uma área que pagaria muito bem. Recordo-me das aulas de Probabilidade, em que 1 mais 1 era 0 com os números binários... durei seis meses na faculdade. O tempo foi passando e fui percebendo a importância de um diploma no mercado de trabalho.

Após dez anos, voltei a estudar e, pelo sistema Prouni, consegui bolsa integral em uma das melhores universidades de São Paulo. Conheci algumas pessoas que hoje são formadas em Direito e Enfermagem, mas não exercem suas profissões, e o porquê disso fica bem claro para mim: quando vejo profissionais em áreas bem diferentes daquelas do diploma na parede, logo penso: *"fizeram por dinheiro, por imposição de seus pais ou por influência de amigos"!*

É triste, mas é a pura realidade: alguns desses amigos chegaram a ter o diploma na mão e outros desistiram por entender que não valia a pena continuar com algo que não estava ligado ao seu propósito de vida.

Aos 31 anos, eu me formei como bacharel em Teologia: minha missão não é ser pastora, mas, sim, disseminar o evangelho e, mesmo sem o diploma nas mãos, entrei em uma empresa multinacional.

A partir daí, comecei a trabalhar com meu marido e juntos empreendemos, ajudando casais e famílias empreendedoras a administrar pessoas e finanças, blindando o relacionamento familiar.

Assim como contei minha história no livro *Trabalhadores não precisam ser pobres: educação financeira transforma vidas*, sou realizada profissional e financeiramente, pois, após aprender a pôr em prática a Educação Financeira, já me permito trabalhar somente com o que gosto de fazer.

Mas, antes de descobrir o meu propósito, já trabalhei como vendedora de muitos produtos e serviços diferentes, também como garçonete, secretária, recepcionista, estoquista, caixa e por aí vai...

É importante saber que muitos jovens desistem de suas carreiras por perceberem que o seu trabalho não tem nada a ver com eles, por terem feito um curso de graduação por imposição dos pais, que pagam os estudos para que sigam a mesma profissão deles.

Há ainda aqueles que insistem em atuar em uma área da qual não gostam e, com mais de dez anos de carreira, só permanecem pelo dinheiro que recebem, mas internamente se sentem insatisfeitos e começam a culpar pessoas e outros fatores por sua infelicidade.

Nesse contexto, a escolha por ganhar mais dinheiro ou por trabalhar com aquilo que gosta traz um dilema que sempre levará o indivíduo ao planejamento financeiro.

O sonho da minha filha de morar sozinha envolve também sua independência financeira; então ela, assim como eu fiz no passado, terá de primeiro ganhar dinheiro e estudar mais, pois, mesmo como professora de dança, o que recebe ainda não é suficiente.

Essa fase de transição de sair do conforto da casa dos seus pais para ingressar à vida adulta é um processo que somente se torna realidade quando pais e filhos se unem para que tudo dê certo.

Nunca é cedo ou tarde demais para realizar sonhos

Eu, como mãe, tenho dado o suporte emocional nesse momento. Meu marido, por ter um perfil mais arrojado, acredita que é possível ganhar dinheiro e trabalhar com propósito, ao mesmo tempo, desde cedo.

Também acredito que não precisamos escolher entre duas opções, que podemos ter os dois, mas é o tempo que favorece essas condições.

E é o que acontece com o seu dinheiro quando você o investe e utiliza o tempo ao seu favor: alcança retorno financeiro e segurança para realizar os seus sonhos.

Mas como podemos orientar esses jovens financeiramente? A minha resposta é que só podemos ensinar o caminho da Educação Financeira quando aplicamos o conhecimento em nossa vida. Quando você faz o seu planejamento, os números que aparecem ali são fictícios?

Só podemos ajudar alguém quando temos o conhecimento ao nosso lado e, assim como incorporei a Educação Financeira à minha vida, ela pode fazer parte da sua história.

Eu demorei para saber qual seria a minha profissão e fazer a minha reserva financeira. Isso requer tempo, disciplina, prática e repetição.

Se no meio do caminho você perceber que tomou uma decisão errada, deixe o seu orgulho de lado e peça ajuda, pois nunca é cedo ou tarde demais para se reorganizar e realizar os seus sonhos.

Os aprendizados por vezes chegam com alguns tombos: doem, machucam, mas você pode se levantar e seguir a sua jornada.

Eu, por exemplo, acabei de passar pela frustação de não ir para a Disney: tudo preparado, passagens, reserva financeira... mas o meu visto foi negado. Chorei igual a uma criança mimada querendo um brinquedo, mas lidar com a tristeza e a frustação na fase adulta envolve inteligência emocional.

Adquiri mais um aprendizado e uma forma de aprender a lidar com sentimentos negativos: você não pode tentar suprimi-los, precisa aceitar a realidade, chorar se preciso, mas sem desespero, pois tudo tem o seu tempo; é preciso se planejar para conquistar os seus objetivos.

Tudo tem o seu tempo determinado, e há tempo para todo propósito debaixo do céu. (Eclesiastes 3:1)

A cada geração surge um novo modelo de lidar com o dinheiro, mas dois fatores sempre vão nos ajudar a manter a caminhada: o conhecimento e a Educação Financeira.

SOU FILHA DE AGOSTINHO E CAROLINA. DO MEU PAI, UM MILITAR DO EXÉRCITO APOSENTADO E CONTADOR DE HISTÓRIAS NATO, VEIO A HABILIDADE DE GOSTAR DE BATER UM BOM PAPO, E DA MINHA MÃE, AQUELE QUE

A TERAPIA FINANCEIRA PARA REALIZAÇÃO DOS SONHOS DE NOSSOS FILHOS

ARQUIVO PESSOAL

Anni Cristini Vencato é curitibana, graduada em Tecnologia pela UniSantaCruz – Centro Universitário, pós-graduada em Gestão de Negócios e em Marketing pela FAE e em Educação Financeira com Neurociência para Docentes – **Metodologia DSOP**, pela Universidade do Oeste Paulista – Unoeste. Atualmente, está se especializando em Finanças Comportamentais pela Unoeste e em Psicanálise pelo Instituto Brasileiro de Psicanálise Contemporânea – IBPC.

Dedicou-se por vinte anos à construção da Intertrading, empresa de sua família, e hoje é educadora e terapeuta financeira, membro da Associação Brasileira de Profissionais de Educação Financeira – ABEFIN, do Grupo Mulheres de Negócios – cuja presidente-fundadora é Luiza Trajano –, da ONU Mujeres e da Câmara da Mulher Empreendedora e Gestora de Negócios da Fecomércio PR.

Quem sou EU?

Sou filha de Agostinho e Carolina. Do meu pai, um militar do Exército aposentado e contador de histórias nato, veio a habilidade de gostar de bater um bom papo, e da minha mãe, aquele pedacinho de gente, o coração enorme de tanto amor que tem a oferecer!

Meu marido, Luiz, um empreendedor nato, sempre está do meu lado, em todos os momentos de que precisei e dos quais preciso. Meu filho Bruno me trouxe alegria imensa e é com certeza o melhor capítulo da história da minha vida.

Reverencio todos eles, com muito respeito, aceitando-os do jeitinho que são, e me coloco no lugar de filha, esposa, mulher e mãe, com todo o arcabouço de conhecimento que vocês me entregaram, enfrentando todos os meus medos e as minhas dores, para poder mudar e construir a minha história!

No meu dia a dia como educadora e terapeuta financeira, respeito cada ser, suas crenças e necessidades, e espero poder contribuir com conhecimento, tratando de forma responsável e digna o momento financeiro de cada um.

Meu trabalho como terapeuta financeira

Pessoas passam pelo meu caminho, contam suas vivências; ao mesmo tempo que ensinam e aprendem comigo, deixam suas marcas.

Guardo comigo cada um com quem falo, levando um pedaço da sua história, respeitando seu espaço sagrado.

Vejo com frequência as mais diversas situações ao conversar com as pessoas, que se angustiam profundamente com o desequilíbrio financeiro em suas vidas. Às vezes, há desesperança, que acaba afetando a sua situação emocional, por não enxergarem mais um futuro.

Nesse sentido, é importante reforçar que a terapia financeira vai muito além de ensinar a anotar ganhos e gastos. Trata-se de ajudar as pessoas a encontrar satisfação ao reeducar o seu comportamento financeiro e vê-las realizando seus propósitos.

Há vinte anos me dediquei com muito amor e orgulho à construção da Intertrading, empresa que é da minha família. E, alguns anos atrás, adotei a DSOP como minha família, e quero auxiliá-la a crescer e dar bons frutos: isso é a lei do retorno!

Sou terapeuta financeira pela **Metodologia DSOP**, idealizada pelo mentor e grande parceiro Reinaldo Domingos.

Meu trabalho tem como premissa básica educar as pessoas para compreenderem o seu próprio ser e, por meio da mudança de hábitos financeiros, fazer com que aprendam a administrar as suas crises, refletindo sobre sua vida e seu mundo financeiro.

Ser educadora e terapeuta financeira é ser uma eterna aprendiz, sempre em busca de conhecimento e da construção do meu "EU FI-

NANCEIRO" para que eu possa proporcionar isso a outras pessoas. É sensibilizá-las a não ter medo de lidar com o seu dinheiro e o seu futuro, desenvolvendo suas potencialidades e assim gerando transformação no entorno e na comunidade em que estão inseridas.

A importância da Educação Financeira para todos

Quando um país investe continuamente em aprendizado e educação de qualidade, promove maior mobilidade social, prosperidade e qualificação profissional.

No Brasil, porém, temos 79,3% dos consumidores endividados, de acordo com a Pesquisa de Endividamento e Inadimplência do Consumidor – Peic (2022). E engana-se quem pensa que este fenômeno é restrito às pessoas de baixo poder aquisitivo. O estudo apontou que, entre as famílias que recebem mais de 10 salários mínimos, 75,9% contraíram dívidas.

As dívidas assumidas estão principalmente relacionadas ao cartão de crédito, acumulando gastos com alimentação, supermercado e despesas médicas, como remédios e tratamentos. Para evitar ou ao menos minimizar a situação, é preciso criar um plano de ação que se chama Educação Financeira.

Um dos primeiros passos está na Base Nacional Comum Curricular – BNCC, com a obrigatoriedade de se trabalhar a Educação Financeira nas escolas de Ensino Básico desde 2018, preparando, assim, as crianças para o futuro.

Orientar desde cedo os pequenos a administrarem a sua vida financeira é de fundamental importância para que estejam mais bem preparados para fazerem boas escolhas na vida adulta.

A Educação Financeira prepara as pessoas para terem melhor qualidade de vida, aprenderem a assumir responsabilidades financeiras e poderem enfrentar momentos de incertezas. As pessoas educadas financeiramente têm sabedoria para administrarem seu dinheiro e adquirirem sustentabilidade financeira, conhecimento que servirá de legado às futuras gerações.

E fica a seguinte pergunta neste século XXI: que legado queremos deixar?

Afinal, o que é Educação Financeira?

Na obra Terapia financeira, Reinaldo Domingos apresenta a metodologia que desenvolveu a partir da sua experiência de vida, conseguindo obter independência financeira aos 37 anos de idade.

Aplicada na prática, a terapia financeira é realizada por meio de encontros com o cliente, tendo como base os quatro pilares da **Metodologia DSOP**: Diagnosticar, Sonhar, Orçar e Poupar, com um olhar amplo sobre cada indivíduo, considerando especialmente seu comportamento em relação ao dinheiro.

O objetivo da terapia financeira é educar para a construção de uma nova forma de pensar, a fim de que cada um possa identificar o seu "Eu Financeiro".

É muito importante preparar as pessoas, em especial as famílias, para uma mudança de comportamento em relação ao dinheiro, e inserir no seu modelo mental a independência financeira, pois é por meio do conhecimento que as melhores escolhas podem ser feitas, libertando-se da angústia de não conseguir gerir sua renda, da submissão por causa das dívidas e do medo por não saber investir.

Com um novo modo de pensar, o ser humano é capaz de transformar o seu eu social, financeiro, tudo e todos que estão à sua volta. Homens e mulheres bem-educados financeiramente têm uma melhor perspectiva de futuro.

Evidentemente, é preciso enfrentar muitos desafios perante a sociedade e as crenças que nela existem, como o discurso de que mulher gasta mais que o homem, que não é boa em matemática, assim como o estigma de que o homem deve ser bem-sucedido e o provedor da casa.

Para responder a essas questões, é necessário refletir sobre o mundo contemporâneo em que estamos inseridos, procurar promover mudanças e realizá-las, viver com mais dignidade, estimular uma ressignificação e construir uma outra história, e desmistificar padrões para realizar sonhos, propósitos e planos de vida.

Como a Educação Financeira está presente no dia a dia das famílias?

Dinheiro não costuma ser tema de conversa dentro de casa, pois ainda é considerado um grande tabu para nossa sociedade.

Pesquisa realizada em 2018 pelo Serviço de Proteção ao Crédito – SPC Brasil, e pela Confederação Nacional de Dirigentes Lojistas – CNDL, apontou que 48% dos brasileiros casados brigam em razão do dinheiro.

Em meus encontros de terapia financeira, essa é uma das questões mais comuns, com a origem do problema estando na falta de transparência sobre os gastos ou quando um cônjuge julga que o outro gasta demais ou, ainda, quando há uma grande diferença salarial.

O casamento é a oportunidade perfeita para construir sonhos e metas financeiras em conjunto. Mas, geralmente, essa relação é mal administrada no financeiro, o que acaba afetando o relacionamento.

> **“É MUITO IMPORTANTE PREPARAR AS PESSOAS, EM ESPECIAL AS FAMÍLIAS, PARA UMA MUDANÇA DE COMPORTAMENTO EM RELAÇÃO AO DINHEIRO, E INSERIR NO SEU MODELO MENTAL A INDEPENDÊNCIA FINANCEIRA.**

É importante entender também o perfil financeiro do casal, pois muitas vezes o padrão de vida e o comportamento com o dinheiro não condizem com o orçamento que têm.

Uma questão muito comum no início dos encontros de terapia é ter de lidar com uma dívida que o casal já possui, o que significa um desafio a ser combatido em conjunto.

Outro tema é que muitas vezes quem contraiu a dívida quer assumir o problema sozinho, sem contar para a outra parte, gerando um desgaste psicológico.

O que proponho na terapia é conversar sobre o assunto e criar um plano de ação para solucioná-lo, mesmo que a outra parte assuma a dívida sozinha.

Todas essas dificuldades e preocupações que a família acaba tendo por conta do dinheiro decorrem da falta de Educação Financeira. Somente discutindo o tema é possível criar um planejamento familiar para a realização dos sonhos de todos. Programar um dia e horário para reunir toda a família, inclusive as crianças, para conversar sobre o tema é uma prática importante para superar esses problemas.

Quanto antes esse hábito for cultivado em âmbito familiar, maior a probabilidade de se conquistar equilíbrio financeiro, concretizando realizações pessoais.

Qual é a importância dos pais no modo como as crianças se relacionam com o dinheiro?

Você já parou para pensar que quase sempre repetimos os mesmos padrões de comportamento de nossos pais? O comportamento financeiro nada mais é do que uma repetição de certos hábitos enraizados em nossa vida.

Com o tempo, aprendi a respeitar o meu passado, mas, para tanto, precisei conhecer melhor a minha história de vida, conversando com meus pais e familiares.

Isso foi muito importante para mim, pois, a partir daí, consegui quebrar certos padrões de comportamento, construindo uma vida mais madura e resiliente junto à minha família.

Considerando a árvore genealógica e a linha do tempo da vida de cada indivíduo, há muitos padrões que deram origem à realidade atual de cada um. Saber qual era o comportamento e as emoções dos nossos antepassados, se eram endividados ou abastados, e como administravam o dinheiro é importante para perceber de onde vieram nossos padrões. Assim podemos avaliar se ainda são válidos para a nossa vida, se é necessário mudar e como fazê-lo, pois muitas vezes esses padrões podem gerar comportamentos autossabotadores, por exemplo.

Trabalhamos esses assuntos com o objetivo de promover sustentabilidade, a partir de um novo modelo mental financeiro.

Quando trazemos à consciência esses padrões, isso por si só pode gerar grandes mudanças de comportamento, pois faz as pessoas refletirem sobre o tema, e isso já é uma grande mudança, porque com certeza você vai sair diferente de como entrou.

Revisitar o passado dos pais, avós e bisavós é fundamental para nos reeducarmos financeiramente e assegurar um futuro mais equilibrado para as próximas gerações. Penso que sempre há tempo para mudanças!

E você conhece a sua história de vida?

Uma mãe cuida de três filhos. Será que esses três filhos cuidam de uma mãe?

Esta história é de uma família liderada pela mãe, pois o pai havia falecido há muitos anos. Dona Maria (nome fictício), com 56 anos, tinha três filhos adultos morando todos no mesmo apartamento, pois, apesar de terem mais de 28 anos e já terem tentado construir carreira e família fora do teto da mãe, por infortúnios da vida acabaram todos retornando sem emprego e sem renda para a casa dela. Como boa mãe, acolheu-os e foi buscar recursos para conseguir sobreviver. A alternativa que ela acreditou ser possível foi buscar empreender para conseguir ganhar mais. Como a maioria dos brasileiros empreendedores, abriu a empresa, sem nenhum conhecimento, e infelizmente, após dois anos, começou a perder as rédeas financeiras. Quando já tinha feito todos os empréstimos que podia, solicitando recursos a bancos, financeiras, parentes e amigos, além de utilizar cartões de crédito e cheque especial, recorreu a agiota. Passados alguns meses, percebeu que não conseguiria pagar as contas. Com sentimentos de culpa, medo e vergonha por não conseguir administrar a sua empresa, o dinheiro e a família, teve depressão.

Foi aí que, por sorte do destino, sua empresa, que participava de um programa de Terapia Financeira da **Metodologia DSOP**, empresarial, foi sorteada. Seu primeiro encontro foi de muitas lágrimas de felicidade, pois dizia que Deus tinha dado uma oportunidade para ela fazer o certo. Então, começaram os encontros.

Um dos objetivos mais importantes do trabalho de Terapia Financeira é incentivar as pessoas a reconhecer o quanto é relevante conversar com os familiares e contar para eles o que está acontecendo e as suas dificuldades, pois isso gera um enorme poder de cura, de empoderamento, de crescimento, de amadurecimento e principalmente de acolhimento e de segurança. E eu chamo isso de Amor.

Então, seu primeiro grande desafio foi falar com os filhos. A partir desse momento, iniciou-se a grande reviravolta na sua vida.

Nos encontros seguintes, ela foi se adequando à nova realidade. Seus filhos tomaram as rédeas das contas da casa e conseguiram trabalho para ajudar a administrar as despesas. Parte do dinheiro que ganharam foi reservada para eles ajudarem a mãe a poupar recursos para negociar e quitar as dívidas. Entre as várias ligações de credores e a dupla jornada para levantar mais recursos, foi eliminando item a item da sua planilha das dívidas. A dona Maria passou por vários desafios neste percurso e um dos mais relevantes foi que chegou a ser presa. Ao entrar na delegacia, o delegado olhou o documento em que estava escrito o porquê de dona Maria estar lá, olhou para ela e disse: "Vá para casa, organize-se para pagar seus credores e nunca mais faça isso!".

Não tinha mais amigos, todos eram seus credores, nem na igreja conseguia mais ir, pois até para o padre, que era seu amigo, ela estava devendo. Dona Maria, realmente, tinha chegado ao fundo do poço!

Foi então que compreendeu o quanto era fundamental ter conhecimento, pois poderia fazer melhores escolhas e isso era de grande relevância na mudança de seu comportamento perante o dinheiro.

Passaram-se três anos, e ainda que hoje tenha algumas dívidas, já realizou vários sonhos, como a faculdade que queria fazer, mas que tinha na cabeça que era velha demais para voltar a estudar e seguir com uma nova história. Logo conseguiu um trabalho e foi promovida na empresa, com um salário melhor, e começou a fazer curso de línguas. E os filhos? Todos ainda morando com ela, mas trabalhando e administrando as contas. A família criou o hábito de todos sentarem juntos uma vez por mês para falar dos gastos, dos seus desejos e ainda poupar dinheiro para comer uma pizza no final do mês. Entenderam por meio da dor que é muito importante administrar bem o dinheiro, para poder realizar seus propósitos, pensar no futuro e em suas aposentadorias.

O que ficou de lição para sua família? Uma das mais importantes foi: não esconda a situação de endividamento dos demais familiares e busque ajuda para sair dessa situação, pois não se trata só dinheiro; o que possibilitou modificar a história de uma família inteira foi uma mudança de comportamento conjunta.

Como as pessoas sofrem e se frustram por não realizarem seus sonhos: a depressão gerada por problemas financeiros

Estudos da Organização Mundial da Saúde (OMS) mostram que mais de 300 milhões de pessoas no mundo sofrem de depressão, que pode levar ao suicídio, e essa já é considerada o mal do século XXI. Somente no Brasil já existem registros de 11,5 milhões pessoas acometidas pela doença, ou seja, quase 6% da população. Esses mesmos estudos apontam que é quatro vezes maior a probabilidade de as pessoas desenvolverem depressão quando enfrentam problemas financeiros. (LABOISIÈRE, 2017)

Já uma pesquisa realizada pelo Instituto Locomotiva aponta que 46% dos brasileiros afirmam ter ansiedade em relação à sua situação financeira, 47% têm insegurança ao receber informações de algum tipo de serviço financeiro, 21% evitam abrir boletos e extratos e 39% adiam questões financeiras por conta do medo de enfrentar o orçamento. (ANDRADE, 2020)

A frustração, o desapontamento, a insatisfação por não saber lidar com o dinheiro e por não conseguir alcançar seus objetivos promovem estresse financeiro. Assim, muitas pessoas deixam de priorizar o lazer, a família, a educação e a saúde, produzindo sentimentos de ansiedade, medo, angústia e insegurança para tomar decisões, gerando uma profunda tristeza.

Uma das minhas orientações nos encontros de Terapia Financeira é que quando isso ocorre em âmbito familiar é importante conversar e observar como a pessoa está se relacionando com o dinheiro, pois muitas vezes quem está passando por dificuldades não consegue enxergar nada do que está a sua volta, como a falta de controle em relação aos seus gastos e às suas dívidas, o que promove frustrações que levam as pessoas ao endividamento, inadimplência e, muitas vezes, até a falência.

E tudo isso ocorre porque a pessoa não administra bem as suas finanças, e essa falta de Educação Financeira pode levar à desestruturação familiar e até a agressões físicas.

A Terapia Financeira é um caminho para ajudar as pessoas a reconstruírem a sua história de vida. Em alguns atendimentos, encontrei pessoas com problemas financeiros muitos graves.

Procurar um profissional de saúde mental qualificado em Terapia Financeira é fundamental para dar um novo significado ao seu dinheiro e às suas emoções.

Como cuidar dos pais de hoje para que os filhos de amanhã tenham seus sonhos realizados: a prática da Terapia Financeira

Nosso grande desafio como pais, filhos e família é educar as novas gerações. O modo como cada geração é influenciada pelo meio e como cada uma lida com o dinheiro é importante para compreender as necessidades da família e estabelecer hábitos capazes de construir um futuro melhor.

Logo, é preciso que todos façam a lição de casa. Estamos tão acostumados a determinados comportamentos que mal percebemos que alguns hábitos de nossa rotina afetam diretamente a nossa prosperidade financeira e que isso acaba passando de pai para filho. Como gastar mais do que se ganha, fazer compras por impulso, pensar apenas no sonho de curto prazo, guardar dinheiro sem objetivo e não ligar para os pequenos gastos. É preciso melhorar a nossa relação com o dinheiro, para o bem de nosso futuro e de nossos filhos.

Quando utilizamos as ferramentas da Terapia Financeira familiar ou para casais, entendemos que falta faz para as famílias terem objetivos financeiros bem definidos e um plano concreto para alcançarem os seus sonhos em conjunto.

Nos encontros, algumas perguntas que devem ser feitas são:

- Possuem dívidas, individuais ou conjuntas?
- Estão em um relacionamento em que o dinheiro é constante motivo para brigas?
- Sentem que estão "estacionados" na vida e não conseguem alcançar seus objetivos financeiros?

Outro ponto muito relevante é que nunca é cedo ou tarde demais para se preparar para o futuro, afinal, vivemos no presente, e isso é o que define como será o nosso futuro!

Pensando no futuro de nossas famílias e filhos, é primordial que, quando se fale de aposentadoria, sejam feitas as seguintes reflexões:

- Como você imagina que será sua velhice?
- Qual será o seu padrão de vida?
- Com quantos anos quer se aposentar e quanto quer receber mensalmente?

A partir dessas respostas, é possível traçar estratégias financeiras para poupar, investir e construir passo a passo a renda que garantirá seu futuro sustentável.

Resultados alcançados com famílias

Ao longo do tempo, em meus atendimentos, percebi que logo no primeiro encontro as famílias sempre me questionavam sobre como conseguir alcançar seus sonhos financeiros. Nesse percurso, uma das coisas mais importantes para o sucesso é identificar quais são esses sonhos e saber se eles são de curto, médio ou longo prazo, a fim de se estabelecer metas para alcançá-los.

Com isso, já é possível visualizar em que momento da vida esse sonho pode se tornar realidade e se planejar financeiramente para isso.

Depois, costumam me perguntar: "Como chegar lá?". E digo que constância e paciência são palavras-chave! Nada acontece do dia para noite e é preciso determinação! As pessoas geralmente não estão dispostas a abrir mão de seus pequenos prazeres cotidianos para conquistarem seus objetivos.

Para tanto, as que se encorajam e traçam suas metas, conseguem atingir excelentes resultados. Um deles diz respeito à autoestima: quando a questão financeira começa a ficar mais equilibrada, isso traz confiança emocional e profissional.

Assim, as pessoas conseguem desenvolver outras competências e habilidades, contribuindo para seu desenvolvimento de carreira. Expandindo o seu círculo social, a recompensa com o tempo são os aumentos salariais, promoções e novas oportunidades profissionais.

Outro ponto é que conseguem priorizar hábitos alimentares mais saudáveis, em vez de comerem fora de casa quase todos os dias, promovendo assim uma diminuição relativamente considerável nos seus gastos.

Outro ponto, muito concreto, é que geralmente as pessoas têm mais clareza de seus objetivos e de suas motivações, o que lhes dá força para manter o foco para alcançá-los!

Quem se dedica passo a passo à **Metodologia DSOP**, promovendo mudanças de comportamento financeiro, obtém a cura de seus problemas financeiros. Várias gotinhas de conhecimento por dia transformam pouco a pouco a realidade das pessoas, que aprendem a controlar suas finanças e seus gastos, conseguindo ter sua vida financeira sob controle com a educação do comportamento financeiro

A Educação Financeira é a luz que atravessa a escuridão financeira, é o conhecimento que permite alcançar melhores condições de vida, construir um patrimônio. Isso ocorre por meio de encontros de Terapia Financeira, possibilitando, assim, a realização de nossos sonhos e dos sonhos de nossos filhos, netos, bisnetos...

Anni Cristini Vencato

Terapeuta Financeira

Referências Bibliográficas

ANDRADE, J. Medo de dinheiro? Quase 50% dos brasileiros têm pavor de encarar suas finanças. *Estadão*, 1 dez. 2020. Disponível em: https://einvestidor.estadao.com.br/educacao-financeira/medo-lidar-com-dinheiro/. Acesso em: 5 abr. 2023.

CNDL BRASIL. Apenas 44% dos brasileiros falam com frequência sobre dinheiro dentro de casa, aponta estudo do SPC Brasil e CDL. 3 abr. 2018. Disponível em: https://cdlsaocaetano.org.br/apenas-44-dos-brasileiros-falam-com-frequencia-sobre-dinheiro-dentro-de-casa-aponta-estudo-do-spc-brasil-e-cndl/. Acesso em: 5 abr. 2023.

LABOISSIÈRE, P. No Dia Mundial da Saúde, OMS alerta sobre depressão. História Ciências Saúde Manguinhos, abr. 2017. Disponível em: https://www.revistahcsm.coc.fiocruz.br/no-dia-mundial-da-saude-oms-alerta-sobre-depressao/#:~:text=A%20estimativa%20%C3%A9%20que%2C%20atualmente,de%20incapacidade%20laboral%20no%20planeta. Acesso em: 5 abr. 2023.

PEIC. Endividamento avançou em setembro, mas com menos fôlego. CNC: Pesquisa de Endividamento e Inadimplência do Consumidor, Rio de Janeiro, set. 2022. Disponível em: https://static.poder360.com.br/2022/10/pesquisa-peic-cnc-10.out_.pdf. Acesso em: 27 mar. 2023.

SEMPRE ACREDITE[I] QUE A VIDA DAS PESSOAS PODE SER POSITIVAMENTE TRANSFORMADA POR MEIO DA EDUCAÇÃO. A MINHA VIDA FOI TRANSFORMADA DE DIVERSAS FORMAS, ESPECIALMENTE PELA EDUCAÇÃO FINANCEIRA,

MATERNIDADE: PONTO DE PARTIDA PARA A TRANSFORMAÇÃO FINANCEIRA

FRANCIELI BERTOLETTI

Daniele Ristow Canuto Xavier é graduada em Administração pela Universidade Estadual de Ponta Grossa e pós-graduada em Educação Financeira – Metodologia DSOP e em Finanças Comportamentais pela Universidade do Oeste Paulista – Unoeste. Também graduou-se em Ciências Econômicas na Universidade Positivo e participa do Programa de Mestrado Profissional de Economia da Universidade Federal do Paraná – UFPR.

Consultora de negócios, é fundadora da Educa e Prospera – Educação Financeira. Membro da Associação Brasileira de Profissionais de Educação Financeira–ABEFIN, atua como educadora financeira pela franquia DSOP, disseminando a Metodologia em palestras, workshops e mentorias.

Sempre acreditei que a vida das pessoas pode ser positivamente transformada por meio da educação. A minha vida foi transformada de diversas formas, especialmente pela Educação Financeira, e nesse caso foi diferente do que eu imaginava, porque não se deu, exclusivamente, pelo conhecimento obtido por meus estudos: aconteceu de forma muito especial, quando descobri que ia ser mãe.

Os filhos são verdadeiras escolas da vida, já diz a sabedoria popular. Eu quero trazer aqui o que a maternidade me ensinou, as mudanças que aconteceram e como isso se deu por meio da Educação Financeira. Foi refletindo mais sobre minhas finanças, os meus sonhos e os do meu filho que eu comecei a ter um olhar mais atento para muitas questões relacionadas ao uso do dinheiro.

Descobri que ter a Educação Financeira como base para os nossos sonhos é muito mais do que um bom caminho para direcionar o meu filho: é um ato concreto de amor, que certamente vai ajudar a construir um futuro mais próspero para ele. Antes de contar como isso aconteceu, quero compartilhar um pouco a minha história.

Minhas origens

Nasci no Paraná, na cidade de Palmeira, próxima à capital Curitiba, e lá vivi até os meus 20 anos de idade. Mas eu não morava na cidade, residia no interior – costumo dizer que sou do interior do interior do

Paraná. Meu avô se estabeleceu com a família em uma propriedade rural conhecida como Pugas, que fica em uma localidade chamada Pugas de Cima – tem também a Pugas de Baixo –, e é assim mesmo que se escreve, sem a letra "L", embora eu tenha ouvido por muitas vezes que eu era de PuLgas e, incansavelmente, sempre corrigia.

Fui criada ali, naquele lugar que parecia um sítio, com meus pais, minha irmã e meu irmão, sempre rodeados por uma grande família. Meus avós, alguns tios e primos também moravam lá. Cresci com toda a liberdade e alegria que uma criança pode ter, entre os animais e as árvores frutíferas sempre carregadas, e eu adorava tudo aquilo. Apesar de ser no interior, não era uma localidade afastada, ficava praticamente à beira de uma importante rodovia da região, a BR 277, tínhamos fácil acesso para a cidade e para a capital, e isso contribuiu para que eu conhecesse outras realidades e sonhasse mais alto: eu começava a imaginar como seria a minha vida longe dali.

A infância foi passando e morar no interior ia perdendo seu encanto. A fase da juventude só confirmava que eu queria mesmo era alçar voo, ir mais longe, e aquele sonho de viver em uma cidade maior, com mais oportunidades, ia se tornando um objetivo, e eu já entendia que um bom caminho para conseguir isso seria me dedicando aos estudos.

Eu sempre gostei de estudar, tirava as melhores notas da turma, sempre fui muito aplicada e participativa das aulas, minha mãe ficava toda orgulhosa ao receber elogios nas reuniões dos pais. Eu ficava encantada com o conhecimento dos professores, admirava tanto que eles eram uma referência para mim, eu queria prestar atenção para aprender sempre mais.

E assim surgiu meu primeiro grande sonho, queria entrar na universidade e me graduar, mas isso não era muito próximo da minha realidade, pois até então na minha família – avós, pais, tios e primos – ninguém tinha ingressado em um curso superior. O acesso teria de ser por meio de universidade pública, e a mais próxima ficava em uma cidade vizinha maior, Ponta Grossa. Meu objetivo passara a ser uma sigla, UEPG – Universidade Estadual de Ponta Grossa. Seria preciso muito estudo e dedicação para passar no tão concorrido vestibular de uma universidade pública, e aquela era a única opção viável para mim. As dificuldades não foram poucas, o que me exigiu muita dedicação e esforço, mas a emoção foi imensa quando ouvi pelo rádio o meu nome na lista dos aprovados – em 2002, a divulgação oficial do resultado do vestibular era pelo rádio, lembro claramente da voz do locutor errando a pronúncia do meu sobrenome, e isso está marcado como um dos momentos de maior alegria que eu tive. Ali, sem dúvida, pude sentir a importância da realização de um sonho, e era só o início. Eu tinha sido aprovada no vestibular e isso era tudo que eu precisava, era o primeiro passo do meu plano.

Nessa época, eu já trabalhava em uma empresa de porte nacional, uma das poucas que tinha na minha cidade, se não a única além dos bancos, e eu já tinha tudo planejado: passaria no vestibular e pediria transferência para a cidade de Ponta Grossa, para cursar o meu tão sonhado curso superior, e foi exatamente isso que aconteceu – não tão fácil, como talvez possa parecer, mas deu tudo certo.

Com 20 anos de idade lá estava eu, mudando para uma cidade maior. Enquanto cursava Administração, fui contratada para trabalhar em um grande banco, e continuei estudando e crescendo na carreira. Eu me formei. Uma conquista com sabor de vitória, porque foram muitos desafios no decorrer daqueles quatro anos. Um sonho realizado! E, então, outro sonho começou a ganhar mais espaço: eu queria muito morar na capital. Alguns anos e algumas transferências depois, finalmente eu estava trabalhando na região de Curitiba. Outro sonho realizado! Desde o primeiro momento, eu amei morar em Curitiba, e decidi que era nessa linda cidade que eu queria me estabelecer e viver com a minha família.

Filhos podem gerar grandes transformações

No dia em que comemorávamos nosso aniversário de onze anos de casados, fomos agraciados com o presente mais lindo de nossas vidas: foi nessa data especial que eu e meu esposo soubemos que seríamos pais. A alegria e a gratidão tomaram conta de mim, mas vieram acompanhadas de uma grande responsabilidade em honrar aquela Graça tão linda que Deus estava me confiando.

Quando uma mulher descobre que será mãe pela primeira vez, naquele mesmo momento, sua vida já mudou para sempre, pois tudo começa a ter outro sentido, outro significado, o mundo passa a ter outra dimensão, até então desconhecida. Já não é mais possível ser a mesma mulher de antes, é um milagre, o milagre da vida se realizando. A transformação começa ali mesmo e segue seu curso, é um novo ser se formando, e não só o bebê, a mulher é um novo ser também, o SER MÃE.

Para mim, já com a maturidade dos meus 33 anos, o impacto da notícia da maternidade foi profundo e muita coisa mudou. Difícil enumerar e descrever todas essas mudanças, mas, especialmente uma delas, vou contar aqui: a transformação da minha vida financeira. Um assunto sensível, o qual eu sabia que precisava encarar e que ainda não tinha tratado com a devida atenção.

Aquele sentimento latente de que eu precisava muito mudar ganhava ainda mais força. À medida que meu bebê crescia, aumentava também a consciência de que eu tinha que melhorar a minha condição financeira. Em breve meu filho chegaria a esse mundo, e que mundo seria esse que ele encontraria? Eu não pensava apenas em toda a imensidão que nos cerca, eu refletia sobre o nosso mundo, sobre nosso núcleo familiar, sobre nossa vida financeira. Eu imaginava os sonhos do meu filho e pensava nas condições que ele teria para realizá-los. Que exemplo eu daria para ele? Eu sabia que a mudança precisava começar por mim. Antes de querer ensinar meu filho sobre como lidar com o dinheiro, eu teria de aprender; antes de educar meu filho, eu teria de me educar financeiramente. E isso parecia um grande desafio.

Como aprendemos e como ensinamos nossos filhos?

Eu percebi que não tinha aprendido a lidar com o dinheiro e por isso eu não estava apta a transmitir esse conhecimento ao meu filho. É evidente que a falta de instrução financeira nas famílias vem de gerações. Os pais, em sua grande maioria, não conversam sobre dinheiro de forma a educar financeiramente os filhos e, quando o fazem, normalmente isso ocorre sem um embasamento adequado. Eu precisava entender mais sobre isso, eu precisava estudar mais sobre isso.

O tema das finanças pessoais não era novidade para mim. Quando o assunto é dinheiro, todos temos nossas próprias vivências e aprendemos alguma coisa ao observar o comportamento das nossas famílias e outros exemplos ao nosso redor. Mas eu trabalhei diretamente com a vida financeira das pessoas, fazia parte do meu dia a dia. Eu atuei como gerente de relacionamento em um grande banco, e com essa experiência eu tive a confirmação de que muitas pessoas, assim como eu, tinham dificuldade de lidar com suas finanças. Isso era facilmente constatado, independentemente de classe social ou faixa salarial dos meus clientes. E por que isso acontecia tanto? Essa questão sempre me intrigava. Ficava cada vez mais claro que, além de ser um problema particularmente meu, era uma dificuldade vivida por muitas outras pessoas também.

Fazia parte da minha função como gerente orientar e instruir meus clientes quanto ao uso dos seus recursos e às melhores oportunidades de investimento. Eu tinha uma certificação que me habilitava a trabalhar nessa área e eu sempre gostei muito desse assunto, tinha muito interesse, me dedicava, estudava para aprender e entender mais. Mas, mesmo com todos os conhecimentos que adquiri trabalhando por anos no mercado financeiro, eu não aprendi a cuidar do meu próprio dinheiro.

Como eu faria para aprender? Como eu iria ensinar para o meu filho algo que nem eu mesma sabia? Que caminho deveria seguir? Onde buscaria informação e ajuda? Eu já havia tentado antes, de diversas formas, novas planilhas, alguns cursos, cálculos e recálculos, mas nada daquilo parecia ter efeito. Eu acreditava que podia ter um jeito, mas eu ainda não conhecia a Educação Financeira.

Quando meu filho nasceu, eu continuava preocupada em relação ao dinheiro, com os mesmos questionamentos e reflexões, o assunto

"OS PAIS, EM SUA GRANDE MAIORIA, NÃO CONVERSAM SOBRE DINHEIRO DE FORMA A EDUCAR FINANCEIRAMENTE OS FILHOS E, QUANDO O FAZEM, NORMALMENTE ISSO OCORRE SEM UM EMBASAMENTO ADEQUADO.

estava longe de se resolver. Era um problema que não parecia ter solução, e isso me angustiava muito. Como eu iria lidar com aquilo justamente quando eu estava me descobrindo como mãe? Eram muitas mudanças com a chegada do meu filho.

E tudo era novidade: o parto, o pós-parto, a dificuldade inicial da amamentação (e como foi difícil no começo), as alterações da rotina, de sono, ou seja, tudo o que envolve cuidar de um bebê. Além disso tudo, o assunto das finanças lá me perturbando e, naquele momento, eu não consegui dar a devida atenção para esse problema. Mas o despertar já havia acontecido, a consciência já era outra, eu só não sabia qual caminho seguir. Sem saber direito o que fazer, apenas protelei mais uma vez. E esse sentimento de deixar para depois algo tão importante não me fazia nada bem.

A Metodologia DSOP na minha vida

Apenas mais tarde, com meu filho já um pouco maior, retomei o assunto. E foi pesquisando sobre o tema que encontrei a Educação Financeira. Fiquei muito instigada, parecia ser exatamente o que eu precisava aprender e quis saber mais sobre os conceitos, como se dava sua aplicação na prática. Logo, minhas pesquisas me levaram a conhecer o Reinaldo Domingos e sua **Metodologia DSOP**. Fiquei encantada com o método e com a proposta de pôr os sonhos em primeiro lugar.

Eu percebi que era diferente de tudo que eu já tinha tentado, era algo que ia além de cálculos e planilhas. Eu já tinha aprendido muito com a matemática e com estudos e ferramentas de análise financeira, mas ainda não sabia lidar direito com o meu dinheiro. Conheci essa nova abordagem, era a educação do comportamento financeiro. A planilha aceita tudo, os cálculos são exatos, mas o ponto-chave é o comportamento, pois de nada adiantava eu ter tantos conhecimentos técnicos sobre finanças e entender a fundo os produtos de investimentos, se eu não conseguisse mudar o meu comportamento em relação ao dinheiro.

E a **Metodologia DSOP** é exatamente sobre isso, sobre comportamento financeiro, é uma verdadeira transformação de mentalidade e realidade, que traz conceitos importantes em seus quatro pilares: Diagnosticar, Sonhar, Orçar e Poupar. São esses aprendizados que conduzem ao entendimento sobre o consumo consciente, sobre os efeitos do endividamento e sobre como criar o hábito de poupar e se tornar um investidor – mas trata-se de poupar com propósito, um poupar voltado para os sonhos.

Conhecendo melhor a Educação Financeira e a **Metodologia DSOP**, eu entendi a importância de se ter uma vida saudável financeiramente, e que a construção de uma reserva estratégica, além de trazer mais tranquilidade, ainda protege os nossos sonhos. Isso fez eu olhar com mais atenção para os meus planos e entender que ter sustentabilidade financeira é essencial. Entendi que é, sim, possível viver bem o hoje e o amanhã. Sobre independência financeira eu já tinha ouvido falar, mas parecia algo inimaginável, apenas ao alcance de poucos privilegiados. Porém, descobri que com a Educação Financeira isso é possível.

Eu precisava seguir adiante nesse entendimento, saber mais para poder aplicar na minha vida. Descobri que havia uma pós-graduação em Educação Financeira da **Metodologia DSOP**, oferecida por uma ótima universidade de São Paulo, a Unoeste. Eu senti que esse poderia ser um bom caminho, que me levaria a aprender mais sobre o assunto, e até quem sabe poderia se transformar em uma nova profissão para mim. Com muito entusiasmo, eu me matriculei e iniciei minha especialização em Educação Financeira. Logo na primeira disciplina fui arrebatada, pois tinha certeza de que ali estava o caminho que eu tanto procurava e finalmente uma solução, a rota para a mudança.

Pela primeira vez eu percebi que, de fato, era possível transformar a minha vida e construir uma nova realidade financeira, e que meu filho poderia, sim, ter um lar com melhores condições. Eu e meu esposo, juntos, finalmente conseguiríamos fazer o que era preciso e poderíamos nos tornar bons exemplos para nosso filho.

Foi difícil no começo, admito, eu fiquei confusa. Era a minha vida toda seguindo um caminho sem instrução adequada, sem Educação Financeira. Eu começava a me deparar com os conceitos e, por mais que minha empolgação fosse enorme e tudo fizesse muito sentido, era difícil incorporar de imediato aqueles novos conhecimentos aos quais eu estava tendo acesso.

Era como se uma luz me ofuscasse: eu sabia – e sentia – que a Educação Financeira era a solução, mas eu precisava me desprender de crenças antigas, daquele jeito que eu sempre fiz e que nunca deu certo. Eram pensamentos que estavam de certa forma enraizados. Como a ideia de que eu não tinha mais de onde cortar gastos porque a sensação era de privação e que não havia margem para reduzir ou melhorar essa questão. Outra dificuldade que eu tive foi em relação aos sonhos, ponto central da **Metodologia DSOP**: como eu poderia pensar em realizar algum sonho, se eu mal conseguia resolver o meu orçamento do mês? Eu tinha a crença de que as dívidas já contraídas eram um impedimento para pensar em novos sonhos, e isso me limitava de um jeito que eu nem fazia ideia.

A importância dos sonhos

A maternidade me trouxe outro olhar para essa questão dos sonhos. Até então, eu considerava os meus sonhos, as minhas realizações e as do meu esposo, mas isso começava a ter um significado muito maior, porque agora tratava-se dos sonhos do meu filho também.

Com a **Metodologia DSOP**, os sonhos ganharam ainda mais destaque, e esse foi o ponto alto da minha mudança, foi o girar de chave na minha cabeça. Somente quando eu consegui entender a dimensão da importância dos sonhos nesse processo que o jogo realmente mudou. Eu até me emociono ao escrever sobre isso. Eu tinha perdido mesmo a capacidade de sonhar, e não tinha me dado conta disso.

Quando comecei a pensar sobre meus sonhos, percebi a dificuldade que eu tinha de imaginá-los concretamente. Onde estavam meus sonhos? Quais eram eles? Quanto custavam? Quando eu iria realizá-los? De onde eu tiraria o dinheiro necessário? Eu não conseguia responder.

O curioso foi que, diferentemente de outras vezes, eu não fiquei desanimada ao me deparar com essas perguntas. Eu me senti motivada a respondê-las porque agora eu tinha um norte, um caminho, um passo a passo a seguir. Ao pôr em prática a metodologia, eu fiz minha lista de sonhos, com um passo a passo bem conduzido, eu consegui definir meus sonhos de curto, médio e longo prazo, e todo meu orçamento passava a ter os sonhos como prioridade. Foi uma mudança e tanto.

Meu filho crescendo com Educação Financeira

Eu sei que demorei a tomar consciência, procurar ajuda e buscar conhecimento para mudar a minha vida financeira, mas nunca é tarde para aprender, e essa afirmação é uma linda verdade. Enquanto estivermos aqui, desfrutando dessa dádiva de Deus, que é a nossa Vida, a cada amanhecer a esperança renasce e temos uma nova chance para mudar, para melhorar. Sempre é possível aprender! E percebi a tempo de poder mudar a minha história e de poder ensinar o meu filho.

Eu não sabia nada sobre como tratar de dinheiro com o meu filho, esse é um assunto delicado até mesmo para adultos, então qual seria a melhor forma de abordar, que cuidados eu deveria ter? Com a Educação Financeira eu aprendi que é preciso, sim, falar de dinheiro com os pequenos. Isso ainda é um tabu, mas precisa ser quebrado. O dinheiro está em praticamente tudo ao nosso redor e tem uma grande influência em nossa vida.

A partir de 2, 3 anos de idade, a criança já estabelece os primeiros contatos com o dinheiro e começa a pedir para comprar coisas, principalmente brinquedos. É nessa fase que já devemos começar a prepará-la para quando receber a mesada, que é quando terá de lidar com seu próprio dinheiro.

Sobre implementar a mesada, eu também não fazia ideia de como agir. Qual seria a melhor idade, como faria isso, o que era certo ou errado? Aprendi muito sobre isso com a leitura do livro *Mesada não é só dinheiro*, do Reinaldo Domingos, que me ajudou a esclarecer todas essas dúvidas e muitos outros conceitos importantes.

Hoje, o Luan tem 6 anos de idade, e ele adora ouvir as histórias da Coleção dos Sonhos em Quadrinho. O livro preferido dele é o *Nico e o kit de mágica*. Outro dia estávamos em uma loja de brinquedos e ele viu lá um kit de mágica. Na hora ele ficou todo empolgado e nos chamou para dizer que era igual ao livro dele e que era preciso guardar dinheiro se você tinha um sonho, assim como o Nico fazia na historinha. Dá para imaginar o tamanho do meu orgulho naquele momento?

Fico muito feliz por essa minha jornada até aqui, tudo aconteceu de uma forma muito incrível! Antes eu cheguei a duvidar se teria uma solução para as minhas finanças e se eu saberia ensinar e direcionar meu filho. Depois, ao descobrir a Educação Financeira, a Metodologia DSOP, a transformação começou a acontecer. Em poucos meses aprendendo e aplicando a Metodologia, pude ver resultados que eu nem imaginava serem possíveis. Eu sabia que era só início, que ainda tinha muito a aprender, muito a melhorar, mas a sensação, a certeza de estar no caminho certo, era maravilhosa.

O sentimento era de imensa gratidão por finalmente ter encontrado um rumo e naquele momento surgiu também um desejo enorme de retribuir, de levar aquele conhecimento adiante. Não se tratava de algo importante apenas para mim, meu esposo e meu filho. E as outras famílias? Tantas que sofrem as consequências de não saberem administrar suas finanças... todos deveriam ter acesso à Educação Financeira, e eu poderia contribuir com isso.

A possibilidade de atuar profissionalmente com a Educação Financeira foi se tornando cada vez mais real e, à medida que eu dava continuidade aos meus estudos de pós-graduação, isso foi se consolidando. Então, eu me tornei uma educadora financeira e, em cada palestra, curso, em cada oportunidade que eu tenho de disseminar a Educação Financeira, eu me proponho a fazer da melhor forma possível, como um ato de retribuição e com um desejo enorme de transmitir essa linda mensagem de esperança. A Educação Financeira é, certamente, um caminho para conquistar uma vida mais próspera e com muitas realizações.

A TODO TEMPO ESTAMOS NOS RELACIONANDO COM O DINHEIRO DESDE OS PRIMEIROS MOMENTOS DA VIDA DE UMA CRIANÇA – ALIÁS, BEM ANTES DISSO, JÁ ESTAMOS GASTANDO RECURSOS PARA A CHEGADA DESSE NOVO

INTELIGÊNCIA FINANCEIRA, HERANÇA DE PAI PARA FILHOS

ARQUIVO PESSOAL

Eduardo M. Reis Filho graduou-se em Ciências da Computação pela Universidade Nove de Julho – UNINOVE, e em Teologia pelo Centro de Formação Teológica – Cefor:e. É pós-graduado em Educação Financeira com Neurociência para Docentes – Metodologia DSOP, pela Universidade do Oeste Paulista – Unoeste, e em Administração de Empresas pela Fundação Getúlio Vargas – FGV. É mestrando em Business Administration in Financial Education pela Florida Christian University – FCU, tendo concluido o MBA em Finanças e Crédito pela Saint Paul/Moody's. É técnico em Processamento de Dados e tem certificação em Produtos de Investimentos CPA-10, CPA-20 e PQO.

Tem experiência profissional de vinte e dois anos na área financeira, ocupando diversos cargos na carreira bancária. Por seis anos foi instrutor de treinamento pela Universidade Corporativa Bradesco UNIBRAD., É apresentador de um programa ao vivo da TV Corporativa, relacionado à Preparação para Negócios e à Preparação para a Certificação CPA-10.

Atua também na área educacional como especialista em Educação Financeira e investimentos na corretora Ágora Investimentos. Ministra palestras de Educação Financeira para públicos diversos no Brasil, em feiras, exposições, empresas, faculdades, escolas, igrejas e associações. E é pastor voluntário na Igreja Metodista Wesleyana, em São Paulo, onde ministra aulas sobre Teologia e Sabedoria Financeira para famílias.

Educa a criança no caminho em que deve andar; e até quando envelhecer não se desviará dele. Provérbios 22.6

A todo tempo estamos nos relacionando com o dinheiro. Desde os primeiros momentos da vida de uma criança – aliás, bem antes disso –, já estamos gastando recursos para a chegada desse novo ser humano que vai crescer e demandar tempo, atenção, amor, carinho, educação, cuidados fundamentais para um crescimento saudável e algo que também é imprescindível: Educação Financeira.

Em casa, não temos problemas com filhos mal-educados financeiramente, pois temos aplicado em cada fase da vida os princípios comportamentais sobre o relacionamento com o dinheiro. Com as crianças, não faço aulas formais sobre educação financeira, em que se sentam, abrem seus materiais e fazem as atividades, como em uma escola tradicional. Isso é muito válido e inclusive temos muita literatura para esse momento, mas o que fazemos é voltado à vida prática.

A relação de pais e filhos é feita de aprendizado o tempo todo, pois as crianças aprendem observando comportamentos. O grande problema é com quem as crianças estão aprendendo.

Meus filhos, desde cedo, recebem influência tanto do pai quanto da mãe, que também é professora, em um colégio em São Paulo. Sou casado com Michellen desde 2005. Nossa primeira filha, Milena, nasceu em 2011, e o Vinícius nasceu em 2015.

Em certa ocasião, quando minha filha tinha de 3 para 4 anos, eu cheguei em casa após um dia de trabalho e ela estava com os brinquedos em cima do gaveteiro ao lado da nossa cama. Quando entrei, ela me convidou:

— Papai, vem "compá" na minha loja.

Eu entrei na brincadeira e disse:

— Eu vou querer este – escolhendo um dos itens.

Ela me respondeu:

Este é 5 "leais" – tentando dizer "reais", mas impedida pela sua dicção de criança que está aprendendo a falar. Em seguida, ela me pergunta:

— "Débito ou "quédito"? – referindo-se à forma de pagamento. Naquele momento eu fiquei boquiaberto e perguntei:

— Onde você aprendeu isso? Quem te ensinou tudo isso?

Ela respondeu como se fosse a coisa mais óbvia do mundo:

— A Peppa Pig, ué! – uma personagem de desenho infantil pela qual as crianças são apaixonadas.

Fui procurar o episódio que mostrava essa brincadeira da Peppa ensinando a vender e comprar. Encontrei o tal episódio em que ela estava com toda a turma: seu irmão, George, e os amigos Chloe, Halle, Zoe... brincando de supermercado no quarto da Peppa, onde acontecem todas as aventuras que podemos imaginar.

Nesse momento, percebi que alguém estava educando minha filha financeiramente falando, e não era eu! Precisava tomar uma atitude!

Naquele dia, como profissional de finanças, investimentos e educação financeira, disse à minha esposa que precisávamos assumir o controle de como os nossos filhos iriam aprender Educação Financeira.

É sabido que no Brasil a maioria das pessoas não tem o hábito de conversar sobre Educação Financeira em seus lares. O máximo que sabem foi o que já observaram no comportamento de seus familiares.

Muitas crianças vivem sua infância sem entender direito como funciona a dinâmica financeira da casa e isso é prejudicial, pois quando precisarem dessa instrução elas terão de ir em busca de conhecimento, e muitas já terão aprendido de forma equivocada ou da pior maneira possível, após terem cometido muitos erros.

Aqui eu faço uma pergunta a você, amigo leitor: o que você se lembra da situação financeira da sua família de quando era criança? Algumas pessoas terão a lembrança de uma infância com muitas restrições e pobreza – segundo sua percepção de criança. Mas, ao se tornarem adultas, perceberam que a família era rica, mas que demonstravam para a criança uma atitude de pobreza e escassez. Existe também a situação inversa, em que a pessoa sempre foi muito pobre na infância, mas tinha a percepção de que era rica. Sinceramente, eu não sei qual das duas é pior. O melhor é ter a real percepção de como você viveu a sua infância financeira. Como pais, até conseguimos entender que alguns assuntos sejam pouco conversados com as crianças, mas esse tipo de caso é um exemplo negativo de como uma pessoa pode demorar mais para entender a relação com o dinheiro na vida adulta, pois nunca foi ensinada sobre o assunto. Isso pode gerar o que eu chamo de esquizofrenia financeira, que tem como principal característica a perda do contato financeiro com a realidade. Você conhece alguém assim? Que gasta mais do que pode ou que economiza tanto a ponto de não usufruir em nada de sua condição? Conectando com o universo infantil, minha reflexão é a seguinte: como alguém assim tem condições de ensinar um filho a cuidar da vida financeira?

Valor

Você se lembra de algo que aprendeu quando tinha 6 anos de idade? Você tem alguma lembrança dessa época de sua vida? E de quando você tinha 10 ou 14 anos? É possível que você se recorde de algo que tenha sido traumático e que tenha ficado gravado em sua mente, mas é possível também que simplesmente se lembre de algo porque fazia parte do seu dia a dia e aquelas lições de vida aprendidas tenham se tornado um hábito, que passou a fazer parte de você como um valor que lhe acompanhou até a idade adulta.

Nos tempos bíblicos, as crianças iniciavam seus estudos específicos aos 6 anos e a responsabilidade era dos pais. As meninas muito cedo aprendiam as tarefas com sua mãe. Os meninos aprendiam a profissão da família com o seu pai. O objetivo era crescer em graça e sabedoria, e a cada fase eram direcionados ao próximo nível de forma muito disciplinada. Na adolescência, aqueles que se destacavam no ensino religioso eram acompanhados por um rabino respeitado e de boa fama, sendo selecionados para seguirem como uma espécie de elite da sociedade. Eles zelavam pela tradição oral e estariam em breve aptos a interpretarem e discutirem a Lei de Moisés, dominando o conteúdo da *Torah*, dos livros históricos, dos profetas e da sabedoria, influenciando e conduzindo os valores da sociedade.

Tenney, Packer e White (1982) enfatizam que, naquela época, os anciãos eram os mais respeitados, considerados como fonte de sabedoria. Diferentemente da nossa sociedade atual, em que as crianças são o centro das atenções e, em algumas famílias, estão no comando. Uma

“APRENDAM SOBRE EDUCAÇÃO FINANCEIRA. APLIQUEM OS CONCEITOS EM SUA VIDA. TRANSFORMEM SEUS HÁBITOS E MOLDEM SEU FUTURO DE ACORDO COM UM PLANEJAMENTO QUE CONTEMPLE TODAS AS FASES, ATÉ O AVANÇAR DA IDADE.

curiosidade interessante é que esse povo sempre foi muito próspero e a percepção de valor estava sempre acima da percepção de preço ou da percepção monetária. Precisamos aprender com isso.

Lembro um episódio em que meu filho, com aproximadamente 5 anos, estava jogando bola no quintal com os amigos e, enquanto brincavam e conversavam, de repente ele correu até a sala onde eu estava e me perguntou:

— Pai, não é verdade que dinheiro não é tudo?

Eu respondi prontamente, sorrindo para ele:

— Isso mesmo, filho! Existem coisas que o dinheiro não compra.

E ele saiu dizendo:

— Viu, viu! Não disse?!

Perceba, existem fatores que influenciam diretamente a maneira como uma criança encara a vida. Se ela tem contato constante e aberto com os princípios de Educação Financeira na medida correta e no tempo certo, com certeza será um adulto preparado para assumir suas responsabilidades, sem ter uma lacuna de aprendizado.

Quero chamar a atenção dos adultos que têm crianças sob a sua responsabilidade. Aprendam sobre Educação Financeira. Apliquem os conceitos em sua vida. Transformem seus hábitos e moldem seu futuro de acordo com um planejamento que contemple todas as fases, até o avançar da idade, incluindo o que nós chamamos de planejamento sucessório.

Quando não ensinamos Educação Financeira a nossos filhos, essa conta certamente chegará. Hoje, muitas pessoas não conseguem pôr em ordem as suas finanças porque não foram direcionadas por seu pais na infância. Aquela típica cena de supermercado da criança se jogando no chão e fazendo um escândalo por ter recebido um "não", para algumas pessoas que não sabem o que fazer é normal, mas para quem é educado financeiramente desde pequeno, não faz sentido algum.

O desafio do supermercado

Como educador financeiro e especialista nessa área há alguns anos, atendo várias pessoas que já decidiram não levar em hipótese alguma os filhos ao supermercado. É até válido como uma dica rápida para economizar, inclusive muitos colegas do ramo falam destas orientações de não levar os pequenos às compras. Mas, se pararmos para pensar que estamos em constante processo de aprendizado, essas situações são grandes oportunidades para consolidar ensinamentos que servirão para toda a vida.

Em nossas primeiras idas em família ao supermercado, com um bebê no colo, preocupava-nos apenas a quantidade de ofertas de apetrechos disponíveis vendidos com o intuito de facilitar a vida. O que precisa ser muito bem avaliado, porque a maior parte de objetos, brinquedos e invenções são rapidamente desprezados e se tornam inúteis.

Quando a criança já começa a andar e se comunicar de forma mais clara é que a situação vai ficando difícil. Além do fato de que são ligeiras e podem sumir em um corredor do supermercado enquanto estamos olhando algum item, elas ainda são expostas a muitas imagens coloridas e radiantes das embalagens, que chamam a atenção cada vez mais. E soma-se a isso o posicionamento estratégico dos produtos em fileiras que ficam na altura dos olhos, com o intuito de chamar ainda mais a atenção. Se os adultos são fisgados por isso, imagine as crianças. É uma batalha quase perdida. Nessa fase, alguns combinados podem ser estabelecidos em uma prévia conversa com a criança. Explico a estratégia que adotei e deu muito certo.

Nas primeiras vezes, o combinado era: "Vamos ao supermercado e eu e a mamãe já sabemos tudo o que é necessário para comprarmos e levarmos para nossa casa. Você vai poder também escolher aquilo que quiser e vai participar dessa compra conosco". Eles podiam escolher um ou dois itens e colocavam no carrinho, com supervisão. Nesse caso, supervisionar é importante porque, sem um combinado, como as crianças aprendem só de olhar, surpresas podem acontecer. É comum os pais chegarem ao caixa e descobrirem que no carrinho foram acrescentados diversos itens que não sabem como foram parar lá. O pior é quando só descobrimos em casa. E você pode me perguntar: e quando eles queriam algo a mais? Aí dávamos a opção da escolha. Eles deveriam escolher o que levar e o que deixar, exceto se era algo que toda a família poderia usufruir.

Quero deixar claro que existem muitas realidades diferentes, principalmente quando falamos de famílias brasileiras. Você pode e deve adaptar essas lições à sua realidade. Existem momentos em que, para algumas famílias, não é possível levar crianças às compras porque o orçamento é sempre apertado e a situação é crítica. Em contrapartida, existem famílias que estão em situações completamente diferentes, em que não existe qualquer tipo de escassez, o que precisa também ser administrado, pois, quando aprendemos Educação Financeira, estamos preparados para qualquer situação.

Paulo, escrevendo aos Filipenses (4:12-13 - NVI), registra:

"Sei o que é passar necessidade e sei o que é ter fartura. Aprendi o segredo de viver contente em toda e qualquer situação, seja bem alimentado, seja com fome, tendo muito ou passando necessidade. Tudo posso naquele que me fortalece."

Esse trecho nos ensina que podemos viver felizes em todas as situações. Ninguém está dizendo que é fácil, mas para cada momento há uma forma de administrar a vida com sabedoria.

Propagandas e compras

Você sabia que constantemente tem alguém tentando convencer os nossos filhos a comprar algo? Da mesma forma que nós adultos somos bombardeados com informações para consumo, as nossas crianças também são, seja em comerciais de desenho e programas na TV aberta ou fechada, na publicidade dos intervalos dos vídeos na internet, nos *pushes* durante os joguinhos no smartphone e também nas mensagens direcionadas aos pais – afinal, quem de nós não quer dar sempre o melhor para os pequenos? Mas precisamos tomar muito cuidado para não cairmos em cilada.

Em outro episódio, eu cheguei do trabalho e lá estavam eles me esperando. A dona Milena e o senhor Vinicius me receberam e já queriam a minha total atenção, porque tinham preparado uma música com direito a coreografia e tudo.

— Papai, papai, senta aí! Temos uma surpresa.

Eles se posicionaram e iniciaram a música, que na verdade era um jingle de um comercial, que dizia:

— Venha para o nosso parque aquático, aqui tem diversão pra toda a família. Venha para o nosso parque aquático, que aqui tem festa todo dia. Venha para o nosso parque aquático...

Deixo a parte da coreografia para você imaginar. E posso dizer que eles ensaiaram mesmo para fazer a apresentação ao papai. Eu perguntei:

— O que significa isso?

Eles responderam:

— É o lugar da nossa próxima viagem de férias.

O meu interesse era saber a origem disso, então perguntei:

— De onde vocês tiraram essa ideia?

Eles responderam:

— Do Discovery Kids, ué!

Eu disse:

— Não acredito! Eu quero ver isso! Coloquem nesse canal que eu vou assistir. Em menos de dez minutos assistindo o comercial com aquela musiquinha tão envolvente, até eu entrei na dança.

Vejam só! Essas crianças são tão espertas e sofrem uma influência tão forte que chegam a esse ponto de desejarem visitar uma cidade turística apenas por causa de sugestões de trinta segundos, repetidas várias vezes por dia. Como se não bastasse esse episódio, aconteceu também em outro momento, só que agora em um outro local turístico do Brasil, onde eles foram convidados para "a terra do sol que nunca acaba". E, sim, também tinha musiquinha, coreografia e um loucutor com uma bela voz, que terminava o comercial convidando as crianças a levarem toda a família para um outro parque aquático, no Ceará: "Ô, terra boa!". Confesso que o meu medo era chegar em casa algum dia e apenas receber a notícia:

— Papai, estão aqui os comprovantes, as reservas... já compramos tudo para a nossa viagem, pagamos com o seu cartão de crédito e parcelamos em dez vezes sem juros.

Já pensou?!

Tudo é monetizado

À medida que a criança entra na fase de alfabetização e aprende a ler os números e fazer contas simples, já pode ir recebendo algum dinheiro para comprar um lanche na escola, algum material e aos poucos ser estimulada com uma autonomia vigiada, com o intuito de resolver pequenos problemas e lidar com as primeiras transações financeiras. Até aí, está ótimo! Inclusive a DSOP faz um trabalho de excelência na produção de materiais e projetos educacionais, a fim de levar a Educação Financeira para todas as idades, incluindo materiais para as grades curriculares das escolas em todas as fases.

Muitos pais querem ensinar Educação Financeira aos seus filhos com a melhor das intenções e acabam errando em algumas práticas. Somente dar dinheiro não resolve. Domingos (2015), em sua obra *Mesada não é só dinheiro*, explica as diferentes estratégias para inserir a prática da mesada na vida dos pequenos. A mesada ou semanada (por semana) algumas vezes é substituída por pagamento ao realizar atividades de casa, como arrumar a cama ou guardar as roupas do quarto. Esse tipo de pagamento, que eu chamo de monetização, não pode ser inserido como uma prática saudável na Educação Finaceira das crianças. Os pais, pensando que estão estimulando uma educação, estão deseducando, ensinando que as tarefas de casa devem ser recompensadas. Uma criança obediente e saudável deve naturalmente fazer algumas tarefas em sua casa pelo simples fato de ser participante de uma família, e seus pais devem ensinar as boas práticas de convívio, organização e obediência, que vão acompanhar gradativamente o aumento das responsabilidades das crianças até atingirem a idade adulta. Quando monetizamos tudo, estamos criando filhos que só pensam em dinheiro e tudo que eles fizerem tem de ser em troca de algum valor, mesmo que seja uma obrigação, um favor ou uma gentileza. Precisamos ficar atentos para não criarmos os mercenários do futuro, que fazem tudo apenas se forem remunerados.

Caso queira ensinar os valores e benefícios de ser um trabalhador digno de seu salário, sugira tarefas que você habitualmente não faz em casa ou que pagaria alguém de fora para fazer, como: lavar o carro, cortar a grama ou aparar o jardim. Tarefas desse tipo podem ensinar o valor do trabalho e, à medida que a criança começa a entender todas as fases, ela estará sendo estimulada a ser uma pessoa que valoriza o trabalho e saberá que pode ser recompensada por uma determinada tarefa. A vida adulta vai agradecer por esses detalhes da infância. Como posso me esquecer do meu pai, Sr. Edu, dando-me R$ 1 a cada sessão de massagem em seus pés? Hoje eu vejo o quanto essas pequenas atitudes moldaram o meu caráter e me permitiram viver momentos simples e inesquecíveis ao lado do meu querido pai.

Todo investimento tem retorno

Quero concluir dizendo que aquilo que você semear, certamente colherá. Quando tomamos a atitude de assumir a responsabilidade de ensinar, educar e insistir no desenvolvimento dos filhos, sobretudo sob o aspecto da Educação Financeira, vivemos a excelente e emocionante oportunidade de ver florescer, no futuro, uma semente que foi plantada na infância e regada com amor, atenção e pequenos gestos coordenados e estratégicos, com o objetivo de promover para as próximas gerações melhores condições de vida em sociedade, desfrutando da prosperidade maravilhosa e satisfatória. Meu apelo é que você também, seja pai, seja mãe, decida mudar a história de sua família, sonhando com um futuro melhor para os seus filhos e mostrando o caminho de como isso é possível.

Confie e mãos à obra. Já deu certo!

Fé, Educação Financeira e Aprendizado Contínuo são o segredo da prosperidade.

Referências Bibliográficas

DOMINGOS, R. *Mesada não é só dinheiro.* São Paulo: Editora DSOP, 2015.

- Tenney, Packer e White (1982) – página 83.
- Filipenses (4:12-13 - NVI) – página 1111.

RECEBI UMA
NOTIFICAÇÃO DE
MENSAGEM NO
MEU CELULAR.
ERA MAIS UMA
MÃE DO GRUPO
DA ESCOLA
FALANDO SOBRE
UMA BONECA QU
PARECE UM BEBÊ
DE VERDADE E
QUE CUSTAVA R$
700, ESSA MÃE
CONTOU QUE
PRECISOU

MÃE POBRE, FILHA RICA: UM SONHO VIÁVEL

ARQUIVO PESSOAL

Emilene Faria Mesquita, membro da Associação Brasileira de Profissionais de Educação Financeira – ABEFIN desde 2019, atua na implantação de programas de Educação Financeira em escolas públicas e privadas e na formação de professores. Também ministra cursos e palestras sobre o tema. É mestre em Contabilidade e Finanças, com especializações em Docência, Educação Financeira com Neurociência e Gestão de Investimentos. Atualmente, faz parte do quadro de professores dos cursos de graduação do Centro Universitário IBMR.

Recebi uma notificação de mensagem no meu celular. Era mais uma mãe do grupo da escola falando sobre uma boneca que parece um bebê de verdade e que custava R$ 700, essa mãe contou que precisou comprar a boneca para a filha e pensei na hora: Precisou? Como precisou?, mas só pensei, sem questionar ou compartilhar minha opinião. Em seguida, uma nova discussão sobre o escândalo que o filho fez no supermercado para comprar um salgadinho. As opiniões eram diversas, mas uma chamou a atenção: "Eu não nego comida para os meus filhos". Gritei por dentro: Não estamos falando de comida! Que comida? Percebi, então, que muitas famílias estavam criando as crianças da geração da minha filha sem limites, sem sonhos, sem propósitos e sem opção de escolha: tudo era passível de ter aqui e agora, e o pior é que muitas dessas famílias não sabiam sequer a diferença entre querer e precisar.

Eu vejo, logo preciso!

Quantas vezes você passou na frente de uma loja e, atraído por uma bela vitrine ou por uma promoção imperdível, falou: "Eu preciso disso!" e, depois de comprar, pouco usou?

Os incentivos e as facilidades são cada vez maiores e, hoje, você nem precisa sair de casa para comprar. Outro dia estava acessando as redes sociais pelo celular e, de repente, o produto que eu precisava apareceu como um toque de mágica. Bastava eu clicar e realizar a compra. Mas será que eu precisava mesmo?

Essa pergunta antes de qualquer compra é o ponto de partida de um comportamento com Educação Financeira.

A diferença entre querer e precisar é algo realmente confuso. Essa não foi a primeira vez que me vi abraçada à crença do "eu preciso disso". Querer é algo que pode esperar, e precisar muitas vezes pode ser imediato. Essa diferença só pode ser entendida por cada pessoa ou família dentro dos seus valores e realidade.

Comecei a falar de Educação Financeira com minha filha quando ela tinha aproximadamente 4 anos, ensinando a diferença entre querer e precisar. Explicava que nem tudo é necessário imediatamente – por exemplo, não precisamos comprar um sorvete na rua se já temos em casa.

Se nós, adultos, somos influenciados por publicidades e tendências, imagine uma criança. Hoje a evolução dos produtos é muito rápida, mal compramos algo e já pensamos em substituí-lo.

Isso faz parte do desenvolvimento. Lembro dos meus avós contando como eram as ruas sem asfalto e os passeios em charretes. Ficava pensando como eles viram tantas coisas mudarem, mas quando olho para trás percebo que a mudança que vivi foi maior, e a minha filha já vive uma mudança diária.

Quando eu tinha aproximadamente 7 anos, o telefone da casa dos meus avós era aquele modelo de discar, e o meu telefone de brinquedo era muito diferente do deles. No lugar do disco havia teclas com números e tinha a imagem de uma família, como se houvesse uma tela, parecida com uma de televisão, onde eu imaginava interagir com as pessoas do outro lado da linha. O nome do brinquedo era O Telefone do Futuro. Hoje a minha filha tem um desses, mas é real!

Entre os principais entretenimentos das crianças hoje em dia estão o celular e o tablet. Isso não é ruim, já que podem falar com os avós, com os pais e vê-los onde estiverem. A comunicação agora é em tempo real, o que nos traz muitos benefícios, mas também precisamos ficar atentos se realmente a marca e o modelo são tão importantes que a cada versão lançada é necessário trocá-los. Assim são os brinquedos para as crianças.

Por isso, o diálogo é sempre o melhor aliado das famílias. Quando todos entendem a diferença entre o ser e o ter, passam a identificar aquilo que é essencial em suas vidas e o que é supérfluo.

– Mãe, usa o cartão para comprar!

Não foram só os brinquedos e os meios de comunicação que evoluíram. O dinheiro também evoluiu muito desde a sua criação, aumentando a facilidade de uso, mesmo mantendo sua função, que continua sendo um meio de troca.

Pensar em dinheiro hoje em dia não é apenas pensar em notas e moedas. Do metal para o papel, depois para o plástico e agora o PIX.

Antes de ensinar para a criança o que é o dinheiro, é preciso entender como ela consegue assimilar esse conteúdo. Por isso, precisamos usar estratégias de acordo com a idade e a maturidade de cada criança.

Até aproximadamente 7 anos, as crianças entendem melhor por esquemas simbólicos, e a mensagem precisa ser clara e coerente, não pode ser subjetiva. Ela não entende que nem sempre é possível usar o cartão mágico para conseguir tudo o que quer, por isso é necessário desde cedo ensinar os conceitos de Educação Financeira.

Lembro de um episódio com a minha filha, Gabriela, quando fui buscá-la na escola e, não sei o motivo, mas fiz um caminho diferente para voltar para casa, passando em frente a uma agência bancária. Ela olhou para os caixas eletrônicos e falou:

– Mamãe, vamos entrar?

– Por que você quer entrar aí, filha?

– Para pegar dinheiro e comprar um sorvete!

– Não tenho dinheiro, meu amor.

– Mas se você for nesse lugar, vai conseguir pegar dinheiro ali, como fez no outro dia – respondeu, apontando para o caixa eletrônico.

E aquela frase que toda criança nasce sabendo: "Mãe, usa o cartão, assim você não gasta dinheiro", eu também ouvi!

Parece engraçado, mas momentos como esse são excelentes para começar a ensinar que dinheiro ou cartão são apenas meios de conseguir realizar nossos sonhos.

Perdi a oportunidade de explicar para ela, nessa ocasião, que quando tiramos dinheiro do caixa eletrônico ou usamos o cartão para comprar o que não precisamos, deixamos de guardar para realizar algo maior e com maior importância no futuro.

Essa fase realmente é de observação e de descoberta para as crianças, mas até aquele momento eu não percebia que poderia trabalhar o tema do dinheiro com elas, pensava sempre que só era possível falar com os pais, não imaginava que existia uma metodologia de Educação Financeira capaz de atender as crianças desde a primeira infância.

O encontro com a Metodologia DSOP

Em 2017, quando estava em uma livraria com minha filha, encontrei o livro que mudaria todo meu caminho. A Gabriela tinha de 5 para 6 anos e adorava esse passeio. Ela ficava na sessão infantil e reunia na mesa vários livros para ler. Nesse dia, no meio de todos os livros que ela tirou da prateleira, estava um com o título *O menino, o dinheiro e os três cofrinhos*, do PhD Reinaldo Domingos. O livro trazia na capa o rosto de um menino sorridente com três cofrinhos em formato de porquinhos. Quando vi, meu coração acelerou como se eu já conhecesse o conteúdo, como se soubesse que aquele seria o primeiro passo para uma grande mudança. A ideia do livro é que toda criança precisa ter pelo menos três sonhos para realizar. Um de curto prazo, para o qual ela colocará as moedas no cofrinho menor; um de médio prazo, que será realizado com as moedas do cofrinho médio; e o sonho de longo prazo, que vai demorar mais para ser realizado, porque é mais caro e ela tem de ter paciência para encher o cofrinho maior de moedas.

Eu li o livro ali mesmo na livraria, em pé, enquanto a Gabi folheava os demais títulos que pegou. Percebi que tudo que tinha pesquisado até então não era suficiente. Tirei foto das referências do livro, nome, contato da editora e do autor e fui pesquisar a respeito.

Encontrei a DSOP Educação Financeira, um ecossistema em educação do comportamento financeiro, que já atendia diversas famílias com um programa de Educação Financeira nas escolas, para crianças a partir de 2 anos de idade.

> **“ESTABELECER O TEMPO DA REALIZAÇÃO DOS SONHOS PARA AS CRIANÇAS NÃO PODE SER FEITO DA MESMA FORMA COMO É PARA OS ADULTOS. OS PRAZOS PRECISAM SER MENORES.**

No ano seguinte, me formei como Multiplicadora Educacional pela DSOP, sendo capacitada a levar esse conteúdo para mais famílias. Mas não encontrei apenas a capacitação profissional, encontrei também uma metodologia que poderia ser aplicada com a minha família.

A Educação Financeira que tive não é a que quero para minha filha

Filha e neta de comerciantes, sempre ouvi que o trabalho dignifica o homem. Comecei a trabalhar cedo, mas não me preocupei com o dinheiro. Conquistei alguns objetivos na minha vida graças aos dias no balcão da loja do meu pai; no entanto, nunca tive um salário. Se precisasse de alguma coisa, pedia para meu pai, que às vezes cedia e outras vezes, não. Assim cresci, sem saber como administrar os ganhos, e quando fui trabalhar fora e recebi meu primeiro salário, gastei tudo. Isso virou um hábito. Todos os meses usava o limite do cheque especial ou de outras linhas de créditos do banco.

Aos 30 anos, conheci meu marido. Disciplinado, nunca gastava mais do que ganhava e me ensinou a ter disciplina com as finanças. Agora, com os novos conhecimentos adquiridos, era minha vez de ensiná-lo.

E lá estava eu, com três cofrinhos na mão, propondo a ele e a nossa filha que fizéssemos uma lista dos nossos sonhos.

A proposta da Metodologia DSOP é aplicar na sua vida quatro pilares: (1) Diagnosticar, quando você faz um levantamento dos seus ganhos e gastos e verifica para onde seu dinheiro está indo; (2) Sonhar, que é o pilar mais importante, o que te motiva; (3) Orçar, quando você estabelece um orçamento priorizando seus sonhos e; (4) Poupar, que é a ação de garantir que seus sonhos serão realizados.

Para começar a vivenciar essa metodologia, é muito importante que a família se reúna para identificar os sonhos individuais e os sonhos coletivos.

Os cofrinhos e os sonhos em família

Nunca tínhamos pensado dessa forma; se quiséssemos fazer uma viagem, por exemplo, pegávamos uma parte da nossa reserva e verificávamos se poderíamos pagar o restante dentro do orçamento do mês. Percebemos que tínhamos muitos sonhos que, até então, não haviam sido expressados. Alguns individuais, como meu doutorado ou a boneca da Gabi, mas também os sonhos coletivos, como fazer uma viagem todos juntos. Individuais ou coletivos, no fim percebemos que todos eram nossos sonhos, sonhos da família.

Depois da lista de sonhos, precisávamos saber como poderíamos realizar todos eles, então começamos fazendo uma pesquisa sobre o custo de cada um, quanto poderíamos poupar todo mês e em quanto tempo conseguiríamos realizá-los.

Cada um de nós listou mais de três sonhos e sabíamos que nem todos poderiam ser realizados em até um ano, então priorizamos alguns a curto prazo e os demais planejamos para médio ou longo prazo.

Os cofrinhos sempre foram uma forma de guardar moedas, mas com a Metodologia DSOP a função deles passou a ser ampliada. Já não são mais um depósito de moedas, que se usa a qualquer momento, sem motivo; o que está dentro passa a ser um meio de realizar os sonhos das crianças.

No dia em que nos reunimos, os três cofrinhos estavam em cima da mesa, cada um com um tamanho e cor diferentes, exatamente igual ao livro que tinha me levado até aquele momento.

A Gabi escolheu um sonho para cada cofrinho. Seu primeiro sonho, o de curto prazo, era uma fantasia para o Carnaval, que aconteceria em vinte dias. Para o sonho de médio prazo, ela planejou comprar um brinquedo, que seria realizado em nove meses, junto com seu aniversário. O sonho de longo prazo passou a ser um sonho coletivo da família. Ela escolheu ir para Disney. Avisei-a que para realizar esse sonho precisaria de muita paciência, pois demoraria mais tempo.

Estabelecer o tempo da realização dos sonhos para as crianças não pode ser feito da mesma forma como é para os adultos. Os prazos precisam ser menores. As crianças não possuem a mesma noção de tempo e, se não virem os sonhos sendo realizados, ficam desmotivadas a poupar.

A Gabriela fez desenhos dos seus sonhos e colou em cada cofrinho para identificá-los. A partir desse momento, passou a associar cada moeda guardada com a aproximação da sua conquista. Passou a fazer escolhas, deixando de comprar a pipoca na saída da escola para poupar suas moedas no cofrinho.

Poupar é aprender a escolher

Depois de estabelecer seus sonhos, a Gabi precisava de estratégias para realizá-los, começando pela fantasia da Mulher Maravilha para o Carnaval.

Até aquele momento, ela tinha apenas algumas moedas e não conseguiria juntar dinheiro suficiente para a compra. Ajudamos a fazer um Diagnóstico dos recursos necessários para a produção da fantasia.

Ela descobriu que reaproveitando roupas e tecidos poderia criar sua própria fantasia por um custo menor, quando comparada a uma fantasia nova. Em seguida, fizemos um Orçamento para identificar o que ainda precisava ser comprado e quanto se gastaria.

A partir de então, a prioridade era a produção da fantasia. Ela poupou recursos, empenhando-se para a realização desse sonho.

Quando chegou o Carnaval, Gabi pulou e brincou usando uma linda e exclusiva fantasia de Mulher Maravilha.

A próxima etapa era estabelecer um novo sonho de curto prazo e continuar poupando para os outros sonhos.

Ela nos ajudou a economizar no material escolar, optou por abrir mão de materiais com a imagem de personagens, que eram mais caros, e aproveitou material que já tinha em casa, como régua, tesoura e pastas plásticas. Também aprendeu que, se usar melhor os recursos de água, luz e gás, fechando a torneira quando estiver escovando os dentes, por exemplo, tomando um banho menos demorado ou apagando a luz quando sair do quarto, poderia ajudar a família a ter um custo menor e assim poderíamos ajudá-la a "engordar os cofrinhos".

Rede de apoio econômico e emocional

Como a criança não recebe remuneração, ela precisa de muita criatividade e ajuda coletiva para realizar os seus sonhos. Um brinquedo que gostaria muito de ter pode ser justamente o que o amiguinho já não brinca mais. Então, que tal uma troca? Foi pensando em estratégias como essa que me dei conta de como hoje as famílias acabam se ajudando por meio de grupos, como o de mães do WhatsApp.

Grupos assim são como redes de apoio. Podemos trocar nossas angústias, nossas alegrias e fazer amigos para a vida toda. Também podemos aproveitar para praticar Educação Financeira, realizando uma pesquisa coletiva de preços, fazendo compras coletivas ou festa de aniversário coletivo, e compartilhar ações e ideias que possam ajudar uns aos outros.

Um grupo conta com famílias muito diferentes e com valores diferentes, mas que se apoiam em momentos difíceis, e por isso também queria poder contribuir e ajudar aquelas e outras famílias a terem Educação Financeira.

A Educação Financeira me auxiliou não apenas a ensinar a minha filha sobre o consumo consciente e a fazer melhores escolhas, mas também a trabalhar frustrações e outras questões socioemocionais, aprimorando conceitos já trabalhados em ambiente escolar. E foi a escola dela dessa época a primeira a me ajudar a multiplicar a Educação Financeira para essas famílias.

Hoje a Gabriela tem 10 anos, a escola mudou, surgiram novos amigos e ela tem outra maturidade, outros sonhos, novas estratégias. Agora ela recebe uma mesada e orientamos sobre a importância da reserva para sua independência financeira. Por isso, metade desse valor ela aplica em uma conta de previdência privada. A outra metade ela guarda e continua poupando para sua viagem e novos sonhos.

A história daqui para frente eu não sei qual será, mas sei que os erros que cometi ela não cometerá. Também me dedico para que outros jovens possam aprender a fazer escolhas que os levem para a sustentabilidade financeira.

QUE O PAPEL DOS PAIS É FUNDAMENTAL NA EDUCAÇÃO DOS FILHOS E NA CONSTRUÇÃO DE VALORES PARA TODA A VIDA, TODOS NÓS JÁ SABEMOS. MAS, QUANDO O ASSUNTO É EDUCAÇÃO FINANCEIRA, A MAIORIA DOS PAIS

EDUCAÇÃO FINANCEIRA, UMA QUESTÃO DE COMPORTAMENTO

ARQUIVO PESSOAL

Evandra Martins é educadora financeira e cofundadora da Fin Academy – Academia de Educação Financeira, organização que se dedica à promoção da Educação Financeira em Cabo Verde, África. Mestre em Finanças pela Universidade do Minho (Portugal) e pós-graduanda em Educação Financeira – **Metodologia DSOP**, pela Universidade do Oeste Paulista – Unoeste (Brasil), é também mentora e formadora com mais de quinze anos de experiência, sete dos quais como professora universitária nas áreas de Gestão, Finanças, Marketing, Empreendedorismo e Alternativas de Financiamento para Micro, Pequenas e Médias Empresas. Dado seu esforço e dedicação na promoção da Educação Financeira, recebeu a Bolsa Mandela Washington para Jovens Líderes Africanos (YALI 2022), o principal programa do Governo dos Estados Unidos da América para iniciativas de Jovens Líderes Africanos, o que lhe permitiu cursar Leadership in Business na University of Notre Dame (Estados Unidos). Evandra é também membro da ABEFIN – Associação Brasileira de Profissionais de Educação Financeira (desde 2020), da AJEC – Associação de Jovens Empresários de Cabo Verde (desde 2014), e da ILA – International Leadership Association (desde 2022). Como mentora e educadora financeira, certificada pela **Metodologia DSOP**, ela ajuda pessoas e negócios a lidarem de forma inteligente com suas finanças e a desenvolverem uma relação sustentável com o dinheiro.

Que o papel dos pais é fundamental na educação dos filhos e na construção de valores para toda a vida, todos nós já sabemos. Mas quando o assunto é Educação Financeira, a maioria dos pais aponta o dedo para as escolas. Além disso, em muitos países, tudo relacionado a dinheiro é considerado um tabu, tornando mais complicado educar financeiramente as crianças.

É comum encontrarmos pais que não falam das regras do jogo do dinheiro com os seus filhos. Até porque, às vezes, nem eles têm a noção de como tudo deve realmente funcionar quando o assunto é dinheiro. Contudo, se existe, por parte dos pais, um mínimo de interesse nos sonhos dos seus filhos, então é preciso entender três pontos que irei explicar a seguir: 1 - É tudo sobre comportamento; 2 - A decepção financeira é real e cada vez mais frequente; 3 – O choque de gerações.

Não estou sugerindo que os pais satisfaçam todos os caprichos dos seus filhos. O que vai encontrar neste texto é um resumo da minha experiência como mãe e educadora financeira.

1 – É tudo sobre comportamento

Certa vez, ao participar de um evento sobre Educação Financeira, muitas pessoas se apresentaram afirmando que eram da “área”, querendo dizer que, pelo fato de possuírem um curso superior na “área financeira”, eram também entendedoras do assunto “Educação Financeira" ao ponto de se intitularem educadores financeiros. Acredito que isso aconteça porque muitos ainda não entenderam que Educação Financeira é algo comportamental.

A Educação Financeira é uma ciência humana focada no comportamento em relação ao uso do dinheiro. Portanto, ela vai muito além de economia, finanças, contabilidade, gestão empresarial e outras áreas afins. A Educação Financeira nem costuma fazer parte da grade curricular desses cursos.

A questão é mais profunda do que parece. Conheço muitos bons economistas, contabilistas e financeiros superendividados, e eles simplesmente não conseguem aplicar os seus conhecimentos da "área financeira" para resolverem o problema. Sabe por quê? Porque a Educação Financeira é comportamental. Eu mesma sofri durante um bom tempo devido à ausência de Educação Financeira, mesmo sendo licenciada em Gestão e Administração Pública, com mestrado em Finanças. Interessante que, apesar de todo esse percurso acadêmico, a Educação Financeira não foi assunto em nenhuma das mais de quarenta disciplinas que estudei ao longo do curso.

Voltando ao papel dos pais, quantas vezes já observamos nos nossos filhos comportamentos e atitudes que temos a certeza de que não lhes ensinamos, mas que adotamos no nosso dia a dia? Talvez nem gostemos do que fazemos, mas eles aprendem sozinhos apenas nos observando em silêncio. É exatamente isso que acontece quando o assunto é dinheiro. NorAzman e Muhammad (2017), ao conduzirem um estudo sobre a influência dos pais na formação do comportamento financeiro de seus filhos, concluíram que existe uma correlação positiva e forte entre as observações do comportamento dos pais e o comportamento financeiro dos filhos, comprovando justamente que nossos filhos observam e aprendem com o nosso comportamento em relação ao dinheiro. Por isso, NorAzman e Muhammad (2017) deixaram três grandes recomendações para os pais. São elas:

a. Os pais devem expor os seus filhos ao processo de compra conforme suas necessidades e desejos, comprando de acordo com suas prioridades, para que as crianças conheçam a função do dinheiro e aprendam a ser compradoras inteligentes;

b. Os pais precisam criar oportunidades para que as crianças conheçam a importância da gestão do dinheiro, ensinando a gerir as despesas diárias e explicando o benefício de poupar dinheiro;

c. Os pais devem promover discussões abertas sobre temas financeiros com os seus filhos, para estimular que tenham um comportamento financeiro responsável no futuro.

Para os filhos, a recomendação vai no sentido de estarem cientes da necessidade de se ter as competências financeiras necessárias para um controle de forma mais ativa e responsável das suas finanças pessoais, tendo em vista os atuais desafios financeiros que se impõem.

Os estudos de Grohmann e Menkhoff (2015) também constataram que os pais têm responsabilidade indireta na alfabetização financeira de seus filhos adultos. Os autores identificaram um total de cinco fatores que influenciam a competência financeira e o comportamento financeiro dos filhos, sendo organizados da seguinte forma:

a. Nível de educação escolar dos pais (refere-se ao grau de ensino recebido pelos pais);

b. Ensino parental (relacionado às orientações dos pais para os seus próprios filhos sobre orçamento e economia de dinheiro);

c. Estudo de Economia na escola (refere-se ao estudo de temas da área de Economia na escola);

d. Qualidade de ensino (para os autores, esse fator está relacionado às caraterísticas da escola frequentada pelos filhos);

e. Experiências com o dinheiro na infância (refere-se, por exemplo, à execução de tarefas remuneradas na infância e ao acesso a uma conta bancária antes dos 18 anos de idade).

Creio que, depois dessas evidências, não restam dúvidas sobre a nossa responsabilidade como pais para tratar da nossa Educação Financeira e a de nossos filhos. Nem vale a pena culpar as escolas pelos nossos problemas financeiros, apesar de elas desempenharem um papel importante nesse processo, como indicado por Grohmann e Menkhoff (2015).

Atualmente, com a crise financeira mundial que enfrentamos, você já deve ter se dado conta de que, se não tomar alguma atitude hoje, cedo ou tarde poderá ter dificuldades até para se alimentar adequadamente, mesmo trabalhando e ganhando um bom salário.

Nesse sentido, uma das ferramentas mais completas que eu conheço, e que pode ser utilizada tanto na Educação Financeira de crianças quanto na de adultos, é a **Metodologia DSOP**, de autoria do PhD Reinaldo Domingos (2012). Segundo o autor (2012), essa metodologia é formada por quatro pilares que se relacionam entre si: Diagnosticar, Sonhar, Orçar e Poupar. O pilar Diagnosticar, como o nome já diz, foca no diagnóstico de ganhos e gastos, ou seja, nas entradas e saídas de dinheiro. Esse pilar é extremamente importante e deter-

"A VERDADE É QUE A MAIORIA DAS PESSOAS DESEDUCADA FINANCEIRAMENTE NÃO FAZ A MÍNIMA IDEIA DO MONTANTE REAL DE DINHEIRO QUE ENTRA E SAI DA SUA MÃO.

minante para o sucesso da metodologia. A verdade é que a maioria das pessoas deseducada financeiramente não faz a mínima ideia do montante real de dinheiro que entra e sai da sua mão. Algumas até carregam consigo um caderno de registro de despesas, mas não fazem diagnóstico delas.

Sonhos são objetivos financeiros. É nesse sentido que surge o pilar Sonhar, com o objetivo de identificar sonhos de curto, médio e longo prazos, sem esquecer a pesquisa do custo e do tempo necessários para a concretização de cada um deles. Apesar de o dinheiro ser dispensável na realização de alguns sonhos, é preciso também elaborar um plano de ação para arrecadar fundos suficientes e necessários para a materialização de qualquer sonho.

O pilar Orçar foca na priorização dos sonhos antes das despesas. Significa que, ao receber um determinado montante, proveniente do salário, do pró-labore ou de outra fonte de rendimento, a prioridade deve ser dada aos sonhos, em vez de despesas, como faz a maioria das pessoas.

Por fim, o Poupar se refere à atitude de guardar ou reter dinheiro para a realização dos sonhos. Comprar com desconto e substituir equipamentos por versões que consumam menos recursos, à base de energia elétrica ou de água, também são comportamentos que fomentam a economia.

Acredito que já deu para perceber que a Educação Financeira é realmente uma questão de comportamento. Ela é certamente a base para a realização dos nossos sonhos e de nossos filhos. Se você que é mãe ou pai entender isso, a sua vida nunca mais será a mesma, mas cuidado com as decepções financeiras.

2 - A decepção financeira é real e cada vez mais frequente

Já dizia o ditado popular: não coloque todos os ovos no mesmo cesto! Eu acrescento: não deposite toda a sua confiança em coisas e pessoas. Isso mesmo! Não coloque todos os ovos no mesmo cesto nem a sua confiança em coisas e pessoas. A seguir, vou compartilhar duas histórias que acompanhei de perto para você entender o que a falta de Educação Financeira é capaz de fazer na vida das pessoas.

História 1: A empresa dos sonhos

Carlos, um jovem empreendedor e licenciado em Contabilidade, decidiu abrir a sua primeira empresa após um longo período à procura, sem sucesso, de um emprego. Sem capital, recorreu ao microcrédito para financiar os equipamentos da empresa. O único requisito exigido foi a apresentação de um avalista. Depois de falar com alguns amigos, teve um que prontamente aceitou o seu pedido. Passados alguns meses, Carlos passou a ter dificuldades em honrar os seus compromissos junto à instituição de microcrédito, que começou a descontar as prestações mensais diretamente da conta bancária do avalista, até que a situação se tornou recorrente e insustentável para ele. Foi assim que a esposa do Carlos, a única que então possuía um salário estável, decidiu assumir e liquidar não só todas as prestações que o banco havia subtraído da conta do avalista, mas também as que estavam ainda por vencer. Apesar disso, o amor e a amizade falaram mais alto e nenhum relacionamento foi afetado. Ainda bem que o assunto não tomou proporções maiores, mas a empresa dos sonhos se tornou um pesadelo.

As figuras de avalistas e fiadores têm sido indispensáveis, para não dizer obrigatórias, em processos que envolvem “empréstimos de dinheiro”. Quem já solicitou empréstimo sabe que geralmente é solicitado algum tipo de garantia, sendo que o mais frequente é a garantia pessoal sob a forma de aval.

E quem é o avalista? Aquele que, mediante um aval, ou seja, uma assinatura num título de crédito, responsabiliza-se a pagar a dívida de outrem, caso quem a tenha contraído não consiga liquidá-la. O avalista e o dono da dívida, também designado mutuário, estão, portanto, no mesmo patamar de responsabilidade, chamada de responsabilidade solidária. Isso significa que o salário do avalista ou o seu patrimônio pode ser canalizado para o pagamento de uma dívida que não é dele (pelo menos é o que se pensa por aí, já que não foi o avalista quem usou o dinheiro. Só que não! Ao assinar o documento, declara-se que a dívida é do avalista, sim. Cuidado!). Por isso se diz que a responsabilidade do avalista se torna exigível imediatamente após a ausência de pagamento de uma única prestação.

O fiador, por sua vez, assume uma responsabilidade subsidiária, o que lhe dá o direito de definir que não renuncia ao benefício de excussão prévia, impedindo que o credor execute o seu patrimônio sem primeiro executar todos os bens do patrimônio do devedor. Ainda assim, todo o cuidado é pouco. Já vi contratos de crédito garantido por fiança com a seguinte cláusula:

> "Para garantia do integral cumprimento das obrigações pecuniárias assumidas no presente contrato pelo MUTUÁRIO, os TERCEIROS OUTORGANTES acima identificados constituem-se fiadores e principais pagadores, declarando que renunciam expressamente ao benefício de execução prévia e assumem solidariamente o pagamento de tudo quanto constituir crédito da <NOME DO BANCO>, em razão do clausulado no presente contrato (capital, juros remuneratórios, juros de mora, custas judiciais incluindo procuradoria e demais encargos), que seja devido".

O que isso significa? Ao assinar um contrato desse tipo, o fiador abre mão do seu direito e autoriza o banco a executar o seu patrimônio imediatamente após a ausência de um único pagamento por parte do mutuário. Ah?! Mas isso não é justo! Se você assinar, então é justo. Muito cuidado com as letrinhas de contratos.

Às vezes é impossível fugir dessas dívidas (a não ser que você tenha a fé ao seu favor, transformando o impossível em possível), principalmente quando há familiares envolvidos, mas vamos à segunda história para você entender a gravidade da situação.

História 2: A filha amada

Maria, uma professora exemplar, precisou de um empréstimo bancário para pagar os estudos universitários da sua filha amada. Ao lhe serem exigidos dois fiadores, ela recorreu à sua *best friend forever*, que também era colega de profissão, e à sua outra filha, a primogênita, que, por incrível que pareça, também era professora. Foi assim que as três professoras, totalmente deseducadas financeiramente, uniram as suas forças para ajudar uma jovem amada a realizar o seu sonho. Quatro anos depois, Maria morreu e as dores de cabeça começaram para as demais envolvidas. O banco começou, literalmente, a infernizar a vida das fiadoras. Sete anos já se passaram, após a morte da Maria, mas a dívida ainda não acabou. Enquanto isso, nenhuma das fiadoras pode contratar qualquer tipo de crédito em nenhum banco comercial do seu país. A filha amada, além de perder a mãe, não conseguiu nem concluir os estudos nem assumir a dívida. Bom, pelo menos por enquanto. Mas vamos torcer para que tudo dê certo.

A essa altura, você já deve ter percebido que, normalmente, o avalista ou o fiador é o melhor amigo, o familiar mais próximo ou o colega de trabalho a quem pede o crédito. Já dizia um professor meu: avalistas e fiadores são classificados, por ordem de importância, em três grupos: familiares, amigos e tolos. Deixo a conclusão por sua conta e risco.

É assim que certas decepções financeiras surgem, sem contar que, na maior parte das vezes, verifica-se inclusive a quebra de confiança e o fim do relacionamento. Mas tem mais! Já ouviu a história daqueles pais que apostaram todas as suas fichas nos filhos e se deram mal? Pode ser que alguns filhos sejam mesmo ingratos, mas quando o assunto é Educação Financeira, temos de analisar as coisas de um outro ângulo. Como você imagina a vida de alguém não educado financeiramente?

Vejamos... Os filhos crescem, estudam, trabalham e começam a recorrer a dívidas para realizarem os seus próprios sonhos. Carro, casa/apartamento e empreendedorismo (criação de negócio próprio) constituem o top três dos principais sonhos materiais de muitos jovens. Por conta disso, entram na famosa corrida dos ratos – um círculo vicioso de trabalho, com o objetivo de pagar contas. Então, chegam a uma fase da vida em que pensam que precisam trabalhar mais para ganharem mais dinheiro, uma vez que as contas a pagar são cada vez maiores a cada dia que passa. E quem acaba ficando de lado? Os próprios pais. Soube de casos de pais que têm mágoa dos filhos, outros até entraram em depressão porque os filhos não lhes dão (ou não lhes podem dar) o que querem.

Além de endividados (alguns chegam a ficar superendividados) e completamente impossibilitados de ajudar financeiramente os pais, precisam lidar com outro problema: a instabilidade do mercado de trabalho. Atualmente, os empregos já não são tão seguros como antigamente. O que mais temos visto ultimamente são notícias de encerramento de empresas, que foram consideradas sólidas durante muitos anos.

É importante dizer que isso se aplica até mesmo no setor empresarial do estado e do próprio governo. E quantas notícias você já ouviu sobre países "hiperendividados" e totalmente dependentes financeiramente de outras nações? Se o país assim está, imagine os seus habitantes. Recentemente, atendi uma senhora que, após mais de vinte anos de trabalho em uma companhia aérea estatal, estava prestes a perder o emprego e a casa própria, construída de raiz com recurso de um crédito habitação, que deverá vencer nos próximos dez anos. São cento e vinte prestações por pagar, sem contar as mais de doze que estão atrasadas.

A lição que fica é: quando colocamos toda a nossa confiança em pessoas tão sujeitas a falhas e erros como nós, e ainda por cima deseducadas financeiramente, poderemos sofrer decepções ou sermos surpreendidos negativamente pela falsa estabilidade do trabalho contemporâneo. Não tenciono desanimar ninguém, mas experiências como essas devem ser passadas para os filhos para que eles possam aprender as regras do jogo do dinheiro, desenvolver estratégias de blindagem e evitar frustrações financeiras.

Querido pai e querida mãe, não deixe que o dinheiro seja um tabu na sua casa e na sua família. Listo abaixo algumas dicas para minimizar problemas financeiros:

a. leia, com atenção, as letrinhas de contratos;

b. nunca assine nada sem entender todas as implicações;

c. procure conhecer os seus direitos e deveres como consumidor bancário;

d. nunca fale com o gerente do seu banco sem conhecer todas as regras do jogo. Ele é treinado para vender crédito, não para resolver o seu problema financeiro;

e. aposte na sua educação financeira e na dos seus filhos, pois assim irá adquirir competências para solucionar problemas financeiros que possam surgir.

Dica extra: se não fizer nada em relação às dicas citadas, a responsabilidade por seu problema financeiro será 100% sua. Seja prudente na sua tomada de decisões e se, porventura, frustrar-se financeiramente, procure a ajuda de um especialista. Educador financeiro, mentor financeiro ou terapeuta financeiro são as pessoas mais indicadas para isso. Acredite: isso não é caso de polícia. Nem de tribunal.

3 - Choque de gerações

O conflito de gerações tem sido um dos principais motivos de desavenças entre pais e filhos. Além de um entendimento diferente acerca daquilo que é um "bom emprego", existe também uma grande diferença na forma de pensar sobre o dinheiro.

Quando era professora em uma universidade privada, os meus amigos e familiares me diziam para procurar outro emprego, de preferência no setor público, pois, segundo eles, era mais seguro. Mais tarde, quando resolvi empreender, a minha reputação piorou. Comentários como "coitada", "está perdida" ou "não sabe o que está fazendo" se tornaram corriqueiros.

Vários estudos sobre o mercado de trabalho dão conta de uma tendência crescente de profissionais que querem mudar de emprego. Motivos não faltam, mas a causa mais apontada tem a ver com a procura por uma melhor qualidade de vida pessoal e profissional. A quinta edição do Beamery Talent Index, que envolveu 7.504 funcionários de escritórios do Reino Unido, Estados Unidos e Austrália, indica que 53% dos entrevistados estavam deixando ou pensavam em deixar o emprego nos próximos doze meses.

Países como o Brasil também têm registrado essa tendência. Dados da Kaspersky, empresa internacional de cibersegurança e privacidade digital, evidenciam que 53% dos brasileiros entrevistados pretendem mudar de emprego, segundo matéria de Letícia Furlan (2022), publicada na revista *Você RH*.

Você que é jovem ou que já mudou de emprego, pelo menos uma vez na vida, sabe que é difícil lidar com a opinião alheia, especialmente quando proveniente de entes queridos, como os próprios pais. Minha mãe começou a trabalhar com 19 anos e morreu aos 47, na mesma profissão. Infelizmente, para ela, a morte chegou antes da tão sonhada aposentadoria. Se você tem mais de 40 anos, é bem provável que não tenha observado nenhuma mudança na carreira profissional dos seus pais. Parece que a qualidade de vida, considerada como o principal motivo de mudança de emprego, não veio no dicionário dos nossos antepassados.

Vários estudos têm apontado para o desaparecimento de algumas profissões no futuro. Um estudo da PwC, citado pelo INBEC, indica que até um terço dos postos de trabalho existentes nos países mais desenvolvidos, como Japão, Reino Unido, Alemanha e Estados Unidos, poderão ser ocupados por robôs até 2030. Você acredita nisso?

Também é verdade que o avanço das tecnologias tem trazido novas profissões. Há bem pouco tempo conheci uma pessoa que é responsável pelo departamento de felicidade em uma empresa internacional. Já se imaginou responsável pela felicidade dos outros? Pois é! Os empregos que outrora fizeram sucesso e proporcionaram algum status já não são os mesmos.

Meu conselho para os pais vai no sentido de não imporem o emprego dos seus sonhos aos seus filhos. Conheço pais que mal falam com os filhos porque estes trilharam um caminho profissional diferente daquele que eles gostariam. Também conheço filhos infelizes profissionalmente porque tudo o que fizeram foi agradar aos pais. Alguns até passaram anos na universidade estudando algo de que não gostavam. Sei que os pais desejam o melhor para os seus filhos, mas o mundo mudou. É preciso ter equilíbrio. A **Metodologia DSOP** de Educação Financeira, citada no ponto 1, trabalha muito bem essa questão dos sonhos. É muito importante conhecer os sonhos dos filhos quanto à profissão. Dessa forma, todo o esforço dos pais, no sentido de garantir um bom futuro para os filhos, valerá a pena e todos ficarão felizes e realizados.

Como já mencionada, a diferença na forma de pensar sobre o dinheiro é um outro motivo de choque de gerações. Estudo publicado pela *Exame* trouxe ao público um dado surpreendente sobre a geração Z (constituída por pessoas que, em 2022, tinham idade compreendida entre 18 e 25 anos):

"Além de conhecer menos sobre investimentos, a geração Z é a que menos usa produtos financeiros: 58,3% não guardam dinheiro de nenhuma forma e 7,6% deles não aplicam recursos em qualquer produto financeiro, seja poupança, fundos de investimento ou ações."

A *MagnifyMoney* também descobriu algo bem interessante sobre a geração Z. Num dos seus estudos, envolvendo pessoas de todas as gerações, descobriu que jovens com idade compreendida entre 18 e 25 anos apresentam um comportamento financeiro mais arriscado, sendo "ficar rico" a principal motivação dos investimentos deles, enquanto todas as outras gerações (Millennial, Geração X e Baby boomer) se encontram focadas em garantir uma boa aposentadoria. Diante dessas descobertas, não lhe parece que existe uma grande probabilidade de choque de gerações por motivos financeiros?

Se você ainda não percebeu que existe uma diferença no modo como as gerações pensam e lidam com o dinheiro, então comece a prestar atenção. Uma vez mais, a Educação Financeira, aquela focada no estudo do comportamento em relação ao uso do dinheiro, pode ajudar na obtenção do equilíbrio entre pais e filhos para assuntos financeiros.

Queridos pais, apostem na Educação Financeira como base para todos os sonhos dos seus filhos. Isso evitará muitas frustrações futuras. Lembrem-se de que é tudo uma questão de comportamento.

Referências Bibliográficas

BEAMERY TEAM. Beamery Talent Index: Fifth Edition. Disponível em: https://beamery.com/resources/whitepapers/beamery-talent-index-fifth-edition. Acesso em: 30 ago. 2022.

COOK, A. Every generation's top investing goal is retirement, but younger americans have an eye on getting rich. *MagnifyMoney*, 29 mar. 2022. Disponível em: https://www.magnifymoney.com/news/investing-by-generation-survey. Acesso em: 31 ago. 2022.

DOMINGOS, R. *Terapia Financeira: realize seus sonhos com Educação Financeira.* São Paulo: Editora DSOP, 2012.

EXAME. Cringe? Millennials superam a geração Z quando o assunto é investimento. *Exame.Invest*, 4 jul. 2021. Disponível em: https://exame.com/invest/onde-investir/cringe-millennials-superam-a-geracao-z-quando-o-assunto-e-investimento. Acesso em: 31 ago. 2022.

GROHMANN, A.; MENKHOFF, L. School, parents, and financial literacy shape future financial behavior. *DIW Economic Bulletin*: Berlin, German Institute for Economic Research (DIW), v. 5, n. 30/31, pp. 407-412, 2015.

INBEC. Confira 10 profissões que podem acabar até 2030. 2019. Disponível em: https://inbec.com.br/blog/confira-10-profissoes-que-podem-acabar-ate-2030. Acesso em: 12 ago. 2022.

FURLAN, L. Profissionais querem mudar de emprego para ter mais qualidade de vida. *Você RH*, 3 fev. 2022. Disponível em: https://vocerh.abril.com.br/futurodotrabalho/profissionais-querem-mudar-de-emprego-para-ter-mais-qualidade-de-vida. Acesso em: 12 ago. 2022.

NORAZMAN, M.; MUHAMMAD, H. 2017. Influence of parents in shaping of financial behavior of their children. *International Education & Research Journal* (IERJ), v. 3, n. 2, 15 fev. 2017. Disponível em: http://ierj.in/journal/index.php/ierj/article/view/668. Acesso em: 3 abr. 2023.

REALIZAR NOSSOS
SONHOS É MUITO
GRATIFICANTE,
GERA ALEGRIA
E SATISFAÇÃO,
MAS VER
NOSSOS FILHOS
REALIZAREM OS
SONHOS DELES
É IMENSAMENTE
MAIS PRAZEROSO.
ACREDITO QUE,
COMO PAIS,
TEMOS UMA
PARCELA DE

A IMPORTÂNCIA DE ENSINAR AS CRIANÇAS A ADMINISTRAR O DINHEIRO

ARQUIVO PESSOAL

Karine Rosangela Lindner é graduada em Ciências Contábeis pelo Centro Universitário Internacional – Uninter, pós-graduada em Educação Financeira com Neurociência para Docentes – **Metodologia DSOP** e em Gestão Empreendedora e Gestão Financeira pela Universidade do Oeste Paulista – Unoeste. Concluiu o seu MBA em Economia Financeira pelo Centro Universitário Leonardo da Vinci – Uniasselvi. É membro da Associação Brasileira de Profissionais de Educação Financeira – ABEFIN e registrada no Conselho Regional de Contabilidade do Rio Grande do Sul – CRCRS.

É cofundadora da Welter e Lindner LTDA, empresa especializada em venda e suporte de sistemas de gestão empresarial, prestando serviços de consultoria fiscal, gestão e finanças, também atua como educadora financeira.

Realizar nossos sonhos é muito gratificante, gera alegria e satisfação, mas ver nossos filhos realizarem os sonhos deles é imensamente mais prazeroso. Acredito que, como pais, temos uma parcela de contribuição nessas conquistas, mas as escolhas são sempre deles.

Os filhos são, para mim, um presente divino. São seres pelos quais temos a responsabilidade de amar, cuidar, proteger, educar e orientar, além de servirmos como exemplo e suporte de apoio. Hoje, no mundo em que vivemos, é um desafio diário ser pai e mãe; os filhos estão cada vez mais tecnológicos e com informações na palma da mão. Para orientá-los e auxiliá-los a identificar o que é certo ou não para suas vidas, a fim de que tomem suas melhores decisões, devemos ter paciência, amor e cuidado. E, dentre os muitos ensinamentos que devemos passar aos nossos filhos, Educação Financeira é certamente um tema de suma importância.

Educação Financeira é muito mais do que apenas saber economizar o dinheiro. São práticas que têm o objetivo de trazer qualidade de vida tanto no momento presente quanto no futuro, ensinando a construir um planejamento financeiro que visa o bem-estar. Assim, você consegue dominar o seu dinheiro e tem mais consciência do que fazer com ele. Claro que economizar, cortar gastos desnecessários, investir e aumentar seu montante é importante. Mas não se trata apenas disso;

a Educação Financeira abrange, além de fatores financeiros, aspectos emocionais, como controlar a ansiedade, questionar se a compra ou aquisição de determinado produto ou serviço é realmente necessária naquele momento e evitar desperdícios. Dessa forma, é possível controlar melhor os gastos e planejar a vida com mais tranquilidade.

Ser uma pessoa educada financeiramente vai além de ter controle sobre seus rendimentos e suas despesas, o quanto se ganha de dinheiro e o quanto se gasta; trata-se de uma questão comportamental, de como se lida com o dinheiro, do devido valor que se dá a ele. Não quero dizer que o devemos idolatrar, mas respeitá-lo e valorizá-lo, pois tenho a certeza de que todas as pessoas dedicam esforço e trabalho para receber seu dinheiro, e saber usá-lo prudentemente, de forma que se possa conquistar sonhos, deixa as pessoas muito mais felizes, realizadas e produtivas, quebrando o paradigma de serem pagadoras de boletos. É esse ensinamento que passo aos meus filhos e a quem mais tiver a oportunidade.

Ensinando os filhos a evitar desperdícios

Sou mãe de três filhos. Desde cedo os oriento sobre o bom uso do dinheiro. Na nossa casa falamos sobre finanças abertamente, aqui esse tema não é tabu. O mesmo não ocorria com meus pais, que muito pouco falavam de dinheiro. Quem o controlava e o geria era meu pai; minha mãe quase não opinava. Ela era agricultora e meu pai, industriário e agricultor. Eles puderam estudar somente até o 5ª ano do Ensino Fundamental, pois precisavam ajudar meus avós na lavoura para garantir o sustento da família. Mesmo com pouco conhecimento, eles me ensinaram duas coisas muito importantes sobre dinheiro: não gastar mais do que se ganha e sempre pagar a quem se deve. Mesmo assim, em alguns momentos da vida, arrisquei e tomei algumas decisões erradas em relação ao dinheiro, muitas delas por falta de um conhecimento mais amplo sobre como lidar com ele. Esse aprendizado foi adquirido pela dor. Estar endividada, inadimplente, desempregada e sem recursos para o básico é muito desagradável. Quando isso ocorreu, tive de criar estratégias para arrumar um trabalho, obter renda para auxiliar a família e pagar tudo o que devia. Essa experiência partilhei com meus filhos; hoje, porém, há muitas outras formas de aprender, sem precisar sofrer tanto.

Despesas contidas, carrinhos a mais

Meu filho mais velho e o do meio, quando eram menores, todo sábado acompanhavam o pai ao jogo de futebol. Chegando lá, já estavam com sede e pediam para comprar refrigerantes. O pai sugeria que fossem brincar primeiro e então compraria um lanche e um refrigerante para cada um, depois que o jogo terminasse, ou que comprassem um refri de latinha e o dividissem, para depois de um tempo comprar outro, mas eles não aceitavam: queriam logo e ainda tinha de ser um refrigerante 600 ml para cada um. Se eles realmente o tomassem não teria problema, porém o que acontecia, na maioria dos casos, era que tomavam só um pouco e iam brincar, então o refrigerante esquentava, mais tarde não tinha como tomar e acabava indo para o lixo. Quando terminava o jogo do pai, eles lanchavam e tomavam outro refrigerante.

Essa situação, além de gerar desperdício, resultava em uma despesa não orçada toda semana. Não era questão de não querer dar o que os filhos estavam pedindo, mas de evitar desperdícios.

Após conversar com meu esposo sobre isso, adotamos uma mesada para eles: a cada sábado ganhariam um valor para gastar no futebol da forma que julgassem correta. Com a mesada, o pai não pagaria mais os refrigerantes do sábado, ficaria por conta deles. Os meninos gostaram da ideia e perguntaram se, caso sobrasse algum valor ou não gastassem, teriam de nos devolver. Dissemos que o dinheiro era deles e que poderiam fazer o que desejassem com ele. Então, indagaram se poderiam comprar outras coisas. Respondemos que sim.

Após algumas semanas, observamos a mudança de comportamento deles. Quando iam juntos ao jogo, às vezes compravam um refri de latinha no início quando chegavam e outro depois, mais tarde; outras vezes compravam um refri de 600 ml no final do jogo e, em outras ocasiões, para poupar um pouco mais, levavam sua garrafinha de água e no final do jogo tomavam refri com o pai, pois ele sempre comprava uma embalagem de dois litros e dividia com o grupo, assim eles não gastavam o dinheiro deles. O mais interessante era o motivo pelo qual eles poupavam. Eles tinham um objetivo, um sonho: queriam comprar carrinhos. E tinham uma coleção deles. Quando tinham um valor considerável, eles pediam para levá-los para comprar. Geralmente íamos ao shopping, pois era comum fazerem promoções e conseguiam comprar mais carrinhos.

Essa experiência lhes trouxe algumas lições. Entenderam sobre o desperdício, que uma forma de poupar é cuidar para não comprar mais do que se precisa e evitar que os produtos se estraguem. Esse ensinamento ampliei na casa em relação aos alimentos e evitamos deixar sobras ou que os produtos estraguem ou vença a validade. Também aprenderam sobre tomada de decisão, do que é comprado por ser necessário ou pelo simples desejo. Entenderam que aquele refrigerante de 600 ml, logo no início do jogo, era um desejo, e não uma necessidade. Assim, quando tiveram de começar a pagar o que iam comprar, pensaram bem antes de decidir e muitas vezes abriram mão desse desejo, pois tinham um sonho maior. Quando decidiam comprar somente um refrigerante, estavam poupando um pouco mais, fazendo um pequeno sacrifício em prol de uma causa maior: conquistar o sonho de comprar os carrinhos.

Gestão de finanças em família

Outro ponto bem interessante no comportamento deles foi a gestão desse dinheiro. Eles combinavam: uma semana um pagaria o refrigerante e, na seguinte, o outro. Quando poupavam tudo, tomavam a decisão juntos. Logo, quando iam comprar os carrinhos, juntavam o valor e tinham maior poder de barganha. Então, geralmente pediam um desconto, pois estavam comprando mais carrinhos e pagando à vista. Eles sabiam o quanto ganhavam, qual era o sonho deles e poupavam para realizá-lo.

Um sonho da família, nessa época, era tirar férias. Em função do nosso trabalho, férias para nós era pausar nossas atividades por uns três ou quatro dias. Quando os mais velhos eram menores e o mais novo ainda não era nascido, nosso orçamento era bem exprimido, pois estávamos investindo na empresa, pagando carro e casa, além das despesas normais. Mas queríamos viajar para a praia, aqui no nosso estado, ficar uns dias e aproveitar, mas não sobrava dinheiro e nem nos pareceu possível incluir no orçamento. Por ideia dos meninos, criamos um cofrinho, um porquinho de PET, a coisa mais linda.

Foi feito com embalagem PET dois litros, EVA e cola quente, com uma pequena abertura para colocar as moedas. O modelo buscamos na internet. Ficou tão bonito que fiz alguns e vendi. O valor foi para dentro do cofrinho, para nossas férias. Começamos em meados de março daquele ano. Todas as moedas e às vezes notas de menor valor eram colocadas no cofrinho. Ele seria aberto próximo do Natal e contaríamos o quanto tínhamos juntado. Chegada a data estipulada, reunimo-nos na mesa da sala de jantar e abrimos o cofrinho. Todos ajudaram a contar. Para nossa grata surpresa, poderíamos tirar férias e ir para uma praia bem bacana, além de ainda haver uma quantia para poder gastar por lá.

No ano seguinte repetimos o cofrinho, com o mesmo sonho, porém foi incrementado com a renda de alguns trabalhos extras que fazia. Novamente, perto do Natal, abrimos o cofrinho e fomos bem-sucedidos. Para os anos seguintes, adotamos outra estratégia: continuamos a juntar as moedas, porém, quando somava o valor de 50 reais, trocávamos as moedas por cédulas e aplicávamos esse valor junto a outra quantia já orçada para esse sonho. Desde essa época, mantemos esse hábito, que atualmente se renova mais vezes ao ano. O porquinho PET foi mais uma forma pela qual aprendemos que se sonharmos e formos comprometidos com os nossos sonhos, conseguimos realizá-los.

Um lugar que, até hoje, gosto muito de levar os meus filhos é o supermercado, pois é uma excelente oportunidade de ensinar, na prática, como fazer uma gestão eficiente do dinheiro. Muitos pais não gostam, pois alegam que os filhos ficam pedindo e fazendo birra para comprar um monte de coisas. Os meus filhos também tiveram a fase do "compra, compra", fizeram birra, mas aprenderam que com esse tipo de atitude não ganhavam as coisas que queriam e ainda ficavam no banquinho de pensar para reavaliarem se aquele comportamento era correto. Antes de ir, fazemos uma lista do que precisamos comprar, assim conseguimos ser mais eficientes quanto ao tempo e evitamos comprar produtos que não são necessários.

No supermercado, os meninos são os pilotos do carrinho, organizando as compras nele, e vou pegando os produtos nas prateleiras, conversando sobre o que estamos fazendo. Ao comprar, avaliamos o custo-benefício dos produtos. Por exemplo, ao comprar arroz, que consumimos em torno de 5 kg ao mês, considerando a mesma marca, o valor das embalagens de 1 Kg, 2 kg e 5 kg, levamos a que fica mais em conta no valor do quilo. Achocolatado é outro produto. Já aconteceu de a embalagem de 1 kg estar mais barata que a lata de 400 gramas. Papel higiênico é o item mais engraçado, pois consideramos a qualidade, em seguida a metragem e, depois, quantos rolos vêm no pacote para definir qual vamos levar. Expliquei a meus filhos que fazia essa análise porque o mais importante era o produto dentro da embalagem e não a embalagem, mas que havia exceções, como o detergente de lavar louças: na embalagem de 5 litros ficava alguns centavos mais barato o litro, porém para manuseá-lo era necessário passar para uma embalagem menor. Nesse processo lá em casa, sempre ocorria desperdício e perda de produto, por isso não valia a pena comprar a embalagem grande, mesmo sendo mais barata, pois o valor do que se perdia do produto era maior do que a economia gerada com a embalagem de cinco litros, sem contar o tempo utilizado no processo.

A ferramenta certa para a realização de sonhos

Sem metodologia específica, já estávamos conseguindo melhorar nossas finanças, ensinar aos filhos a importância do dinheiro e de como geri-lo. Mas, quando conheci a **Metodologia DSOP**, criada pelo PhD Reinaldo Domingos, que é uma excelente e eficiente ferramenta para a Educação Financeira, vi que podíamos maximizar resultados e realizar todos os nossos sonhos.

Reinaldo Domingos, PhD em Educação Financeira, a partir de sua experiência pessoal e profissional, vem ensinando milhares de pessoas a ter uma vida financeira saudável, sem serem mais escravas do dinheiro e dos boletos a pagar, formando uma nova geração de pessoas e famílias financeiramente independentes.

O sucesso financeiro independe de quanto se ganha, mas da forma como lidamos com o que se ganha, conforme afirma Domingos (2022): "o ciclo da vitória financeira começa por respeitar o dinheiro que se ganha e poupar antes de gastar, sempre priorizando os sonhos e necessidades".

Na **Metodologia DSOP**, a Educação Financeira tem por finalidade realizar sonhos pessoais e trazer sustentabilidade financeira para nosso país. Trata-se de uma metodologia aplicada e aprovada no decorrer do tempo, com resultados transformadores para milhares de famílias (inclusive para a minha). A abordagem da obra caminha pelos quatro pilares criados pelo autor: Diagnosticar, Sonhar, Orçar e Poupar.

No pilar **Diagnosticar**, propõe-se fazer uma mudança em relação ao dinheiro, começando pelo diagnóstico de sua vida financeira, ao fazer um levantamento de todos os ganhos (receitas) e despesas (gastos). É muito importante ser consciente na hora de fazer esse levantamento, para poder tirar um "retrato" fiel de sua vida financeira.

Comece anotando os ganhos, ou seja, todos os rendimentos com os quais se pode contar, sejam eles provenientes de salários, benefícios concedidos pela empresa (como vale-alimentação, vale-transporte, etc.), aposentadoria ou pensão, serviços prestados, comissões. Considere qualquer tipo de remuneração que se receba com alguma regularidade.

Depois, faça uma lista de suas despesas. Considere as despesas fixas, as variáveis e as eventuais. As fixas são aquelas pagas todos os meses, com valores iguais ou parecidos, como o aluguel ou a prestação da casa, a mensalidade da escola, etc. As despesas variáveis são aquelas cujos valores sofrem alterações por diferentes motivos. Exemplos disso são as compras no mercado e na padaria, as contas do telefone e de energia, os gastos com transporte, etc – é possível fazer uma estimativa delas com base nos valores dos meses anteriores. As despesas eventuais são as que ocorrem de vez em quando, sem regularidade. Nesse grupo estão os consertos em casa, a compra de roupas, material escolar, remédios, dentista e gastos com outros produtos. Sem esquecer as despesas anuais, como impostos, a matrícula na escola, viagens e outras, que também podem ser estimadas. Não podemos menosprezar as pequenas despesas, pois ali pode estar o ponto do desequilíbrio financeiro.

Conscientização sobre o consumo

Outro ponto importante durante o diagnóstico é identificar o seu padrão de vida. Independentemente da classe social, é preciso aprender a viver conforme o que se ganha, ou seja, manter um padrão de vida sustentável, para que se possa estar na posição de poupador e investidor, ao invés de devedor. Esse processo de conscientização faz com que se perceba o comportamento diante do consumo, buscando adotar hábitos saudáveis em relação às suas finanças, evitando compras por impulso, motivadas pela satisfação emocional, e não pela real necessidade de determinado produto.

De acordo com Reinaldo Domingos, sem sonho ou sem desejo, o ser humano simplesmente para de crescer, progredir e prosperar. E no pilar **Sonhar** o autor ensina que o sonho vem antes do recurso, do dinheiro... é o grande agente motivador, pois, tendo um sonho, busca-se o dinheiro para realizá-lo. Aqui aprendemos a não gastar toda nossa energia para apenas sobreviver, mas para sonhar e tomar ações para alcançar aquilo que desejamos.

Para sonhar, devemos desenvolver a capacidade de nos projetar no futuro, anotar todos os nossos sonhos e estabelecer prazos para realizá-los. Em seguida, devemos agrupá-los conforme o tempo necessário para concretizá-los, separando-os em curto, médio e longo prazos. É importante ter no mínimo três sonhos simultaneamente, um de curto, um de médio e um de longo prazo. Esse tempo é diferente para crianças, jovens e adultos, porque cada um tem um grau de maturidade diferente.

Para as crianças:

- **Sonho de curto prazo** – realizável em até três meses;
- **Sonho de médio prazo** – realizável em até seis meses;
- **Sonho de longo prazo** – realizável em até um ano.

Para os jovens:

- **Sonho de curto prazo** – realizável em até um ano;
- **Sonho de médio prazo** – realizável em até cinco anos;
- **Sonho de longo prazo** – realizável em mais de cinco anos.

Para os adultos:

- **Sonho de curto prazo** – realizável em até um ano;
- **Sonho de médio prazo** – realizável em até dez anos;
- **Sonho de longo prazo** – realizável em mais de dez anos.

Após a definição dos sonhos, deve ser feito um levantamento do custo de cada um deles. Com esse valor, é possível estabelecer metas mensais, definindo o quanto guardar por mês para cada sonho. Para ter sucesso e conquistar os sonhos é necessário comprometimento, atitude, disciplina e perseverança: independentemente do tamanho e do valor dos sonhos, realizá-los vai depender diretamente do grau de esforço que se está disposto a fazer.

Esse é um ponto que enfatizo muito com meus filhos: é preciso ter sonhos, pois são eles que nos dão a motivação necessária para dedicarmos todo nosso esforço e trabalho. Ressalto que os sonhos têm de ser alcançáveis e podem ser bastante ousados, mas é preciso que se tenha determinação para realizá-los.

No terceiro pilar, **Orçar**, aprendemos a fazer o orçamento familiar. Orçamento é um tipo de planejamento no qual se discriminam os valores referentes a despesas e receitas previstas para determinado período. Serve para fazer projeções e acompanhamento das contas da casa. É um dos mais importantes instrumentos de economia doméstica.

No orçamento DSOP, priorizam-se os sonhos. Primeiro, são registrados o valor das receitas e depois são subtraídos o valor necessário para a realização dos sonhos definidos e um valor para a reserva estratégica. O saldo restante estaria voltado às despesas e gastos familiares. Se o seu orçamento revelar que a soma dos gastos previstos está maior do que os ganhos esperados, é preciso fazer ajustes para adequar a situação. Gastar mais do que se ganha é um grave erro, que pode levar ao endividamento e a problemas financeiros. Esse formato de orçamento faz com que se adeque o padrão de vida familiar para que os sonhos sejam prioridade.

> “QUANDO OS SONHOS VÊM EM PRIMEIRO LUGAR, A MOTIVAÇÃO PARA VIVER DENTRO DO ORÇAMENTO TORNA-SE ALGO NATURAL E PRAZEROSO. CONFORME FOREM REALIZANDO OS SONHOS, SE SENTIRÃO RECOMPENSADOS PELOS ESFORÇOS FEITOS.

A família deve ser fiel aos seus sonhos e não ultrapassar o seu orçamento. É preciso evitar as armadilhas do consumo, estar atento e aprender a fazer contas para manter o orçamento em equilíbrio. Quando os sonhos vêm em primeiro lugar, a motivação para viver dentro do orçamento torna-se algo natural e prazeroso. Conforme forem realizando os sonhos, se sentirão recompensados pelos esforços feitos.

Nosso próximo pilar é o **Poupar**, que consiste em separar parte de seu dinheiro, visando concretizar os seus sonhos. Após poupar, deve-se investir. De acordo com a **Metodologia DSOP**, poupar é o ato guardar dinheiro, e investir é o ato de direcionar o dinheiro poupado para algum investimento. Todas as pessoas podem ter sucesso em suas finanças pessoais, independentemente de quanto ganham em rendimentos, pois a capacidade de guardar dinheiro está sob o controle de cada um.

Outra forma de poupar é evitar desperdícios. Pequenas atitudes que todos da família podem adotar possibilitam maximizar o resultado para que possam alcançar seus sonhos. Evitar estragar alimentos, reduzir o valor da conta de água fechando a torneira ao escovar os dentes ou lavar a louça, tomar banhos mais rápidos, reduzir o consumo de energia desligando os eletrônicos da tomada para não ficarem em *stand-by* e desligar as lâmpadas dos ambientes em que não há ninguém são alguns exemplos de medidas que podem ser adotadas.

Mudar o comportamento ao realizar compras é também outra forma de poupar. Para tanto, seguem algumas dicas para comprar de forma consciente e eficiente: faça uma lista de compras; evite comprar por impulso; não se iluda com elogios de vendedores, fazer compras não é terapia e sai muito mais caro; aproveite promoções e liquidações; evite fazer estoques; avalie a qualidade dos produtos e pesquise e pechinche, pois se pode economizar muito assim. Evite fazer dívidas desnecessárias tendo um consumo consciente. Compre o que de fato vai agregar à sua qualidade de vida. Faça pesquisas de preços e planeje a sua compra; se for algum produto de maior valor, estabeleça uma meta para efetuar a compra, tornando-o um sonho alcançável. Ser precipitado e antecipar os sonhos muitas vezes faz com que a família pague juros desnecessários e se endivide.

Qual a melhor forma de pagar? Você decide!

Ficar atento ao escolher a forma de pagamento das compras é muito importante também. Deve-se ter muito cuidado com o cartão de crédito e os carnês. Atualmente, esses são os principais tipos de dívida dos brasileiros. Se possível, opte por pagar à vista e peça desconto. Caso não ganhe desconto e tenha o valor para realizar a compra desejada, se tiver controle e consciência na gestão dos valores, pode utilizar o cartão ou carnê e ir pagando parcelado mês a mês, deixando o valor aplicado rendendo juros. Se houver algum imprevisto, pode usar o valor guardado para quitar as parcelas e evitar se tornar inadimplente. Essa é uma excelente estratégia, desde que usada com sabedoria.

Após poupar, vem o momento de investir, fazer o dinheiro trabalhar para a gente. Para poder escolher os melhores investimentos, é preciso alinhá-los com os seus sonhos. Investimento é a aplicação dos recursos que poupamos, com a expectativa de obtermos uma remuneração por essa aplicação. Para começar a investir não é preciso ter muito dinheiro, e investir precisa se tornar um hábito.

As escolhas acerca dos investimentos precisam se dar de forma cuidadosa, pois, assim como tudo na vida, investir envolve riscos. Um dinheiro que fica parado está exposto ao perigo de perder valor para inflação; já as quantias investidas se expõem a outros tipos de risco. Antes de começar a investir é preciso entender o seu perfil de investidor, que pode ser conservador, moderado ou arrojado. Esse teste é feito nas corretoras e instituições financeiras antes de começar a investir. Na atualidade, com a internet, os bancos digitais e várias empresas corretoras de valores, podemos encontrar uma infinidade de investimentos.

Comecei a aplicar a **Metodologia DSOP** individualmente nas finanças pessoais e fiz uma adaptação para as finanças de nossa empresa. Com o passar do tempo, a metodologia se comprovou positiva para nós e decidi repassá-la para a família. Para explicar a metodologia detalhadamente, fiz uma reunião familiar. Marcamos o encontro para um domingo à tarde, pois assim todos estariam em casa. Reunimo-nos na sala de jantar, onde apresentei o orçamento familiar e alinhamos os sonhos de cada um. Hoje, cada pessoa da família é um poupador e pequeno investidor.

Nessa primeira reunião, além de alinharmos os sonhos, definimos algumas estratégias a serem adotadas: o valor mensal a ser poupado e investido para cada sonho, ajuste do padrão de vida para priorizar os sonhos, redução dos desperdícios, redução dos gastos desnecessários com supérfluos, ajuda mútua de todos os membros da família para a manutenção da casa. Também fizemos um investimento em energia solar, após avaliarmos a viabilidade, para reduzir o consumo de energia.

Além dos sonhos da família como um todo, cada um tinha seus sonhos individuais. Meu filho mais velho tinha como sonho de curto prazo tirar a carteira de motorista, e com seis meses para alcançar a meta já tinha o valor, que estava investido e rendendo. Meu filho do meio tinha o sonho de montar um PC Gamer com o trabalho dele de meio turno mais o que ganhava de presente dos padrinhos e avós, além dos trabalhos *freelancer*. Ele realizou seu sonho também com antecedência. O mais novo também tinha seus sonhos: ele desejava comprar um *mouse* e um *phone gamer*. Poupou o valor da sua mesada mais o que ganhava de presente dos padrinhos e avós até poder comprar o que almejava.

Com a Metodologia, apresentamos para nossos filhos o orçamento da família: quanto é destinado para realizar nossos sonhos, investindo esse valor; quanto podemos gastar com nosso custo de vida e qual a verba para gastos supérfluos. Buscamos ser o mais fiel possível aos nossos sonhos e o que temos estipulado. Às vezes acontece alguma situação que necessita de um ajuste, isso é natural, mas não perdemos o foco naquilo que realmente nos motiva: os nossos sonhos.

Estratégias financeiras para o futuro

Outro ponto importante que passamos para os filhos é que o dinheiro não "cai do céu". Essa consciência eles têm desde cedo. Nada na nossa vida foi fácil, todas nossas conquistas vieram com muito esforço, trabalho e dedicação. Toda vez que se faz uma escolha, abre-se mão de alguma outra coisa. Voltando ao exemplo do porquinho de PET, as moedas que fomos juntando no cofrinho poderiam ser gastas de outra forma, mas decidimos que seriam poupadas. Outro exemplo: cada hora que trabalhamos a mais estamos abrindo mão de passear ou de assistir à TV. São escolhas. Valorizar e respeitar cada centavo que ganhamos faz com que tomemos decisões mais assertivas, sem sermos imediatistas, pensando no futuro sem esquecer de viver o presente.

Numa conversa com meu filho mais velho, que atualmente trabalha de manhã e de tarde faz o Ensino Médio com curso profissionalizante, ele me contou que alguns conhecidos dele também trabalhavam, mas gastavam tudo o que ganhavam, alegando que iriam viver o presente como se fosse o último dia, ir a festas, sair, comprar tudo o lhes desse vontade, que iriam aproveitar ao máximo, sem se preocupar. Ele riu da situação, pois comentou que o único problema é que o amanhã chega e, se não estiver preparado, pode-se ter problemas ou perder oportunidades. Ele adotou como estratégia, no seu orçamento particular, destinar a maior parte dos seus ganhos para realizar seus sonhos, e todo mês aplica a maior parte dos seus rendimentos. Como ele mora conosco, tem poucos gastos, e aproveita isso para maximizar o seu montante investido e chegar mais rápido aonde deseja.

Ainda dentro desse conceito de viver o momento, um exemplo de que é possível viver o presente e pensar no amanhã é a nossa verba para os lanches. Antes da metodologia, havia um consumo exagerado que, além de não ser saudável, prejudicava as finanças. Agora com a verba estabelecida, quando dá vontade de ir lanchar ou pedir um *delivery*, avaliamos se está dentro da verba e pedimos. Após a nossa mudança de hábito, não nos faz falta pedir lanche esporadicamente e mesmo assim aproveitamos o presente, porém de forma mais consciente e comprometidos com algo maior.

Uma estratégia adotada por todos da família foi a criação da reserva estratégica. Se trata de um valor que poupamos e investimos mensalmente, destinado a oportunidades ou eventuais necessidades. Tal atitude nos propiciou, ao longo dos anos, um pouco mais de tranquilidade para a tomada de decisões. Essa reserva já nos ajudou a pagar exames médicos que tivemos de fazer com urgência que o plano de saúde não pagou, a comprar uma nova máquina de lavar quando a antiga estragou, a aproveitar e ir fazer um passeio único e que não estava orçado, além de outras oportunidades que surgiram de repente, mas que foram muito importantes.

Procurar ter dinheiro e uma vida melhor, mais leve, sem ter de se preocupar se terá como pagar os boletos do mês, às vezes pode ser interpretado como ganância por algumas pessoas, mas não é. Quem não deseja ter uma vida financeira mais equilibrada, sem ter o estresse de não conseguir pagar as contas todos os meses? Quem não quer comprar algo pelo qual sonhou muito sem ter de se preocupar se, ao comprar, vai faltar esse valor para a compra de alimentos no mês, por exemplo? Isso é cultural e comportamental. Devemos quebrar os tabus relacionados ao dinheiro.

A mudança de hábitos e de comportamentos é a primeira etapa rumo à Educação Financeira. Ao implementá-la em casa, você logo notará um ambiente mais acolhedor e prestativo, além de manter o orçamento estável. Ser bem-sucedido financeiramente está diretamente relacionado com a forma como você se comporta. A disciplina depende do hábito. Desse modo, nada melhor para lapidar um costume que a prática constante por um longo período. Sendo assim, o ideal é que as pessoas sejam apresentadas à Educação Financeira ainda na infância. É no núcleo familiar que o indivíduo estabelece suas primeiras relações com o mundo externo e com o dinheiro. Além disso, o modelo mais forte na vida das crianças é o comportamento dos pais, sobre o qual os filhos estabelecerão, mais tarde, a sua relação consigo mesmos e com o mundo. Por isso é fundamental falar de dinheiro e ensinar nossos filhos a lidar com ele para tomarem melhores decisões e serem bem-sucedidos financeiramente, comprovando que a Educação Financeira é a base para a realização dos sonhos de nossos filhos.

Na prática, com a aplicação da metodologia, estamos conseguindo realizar nossos sonhos e de nossos filhos, eles estão crescendo tendo essa consciência e uma nova postura ao lidar com suas finanças. Já fazem a avaliação da melhor estratégia e aplicabilidade dos seus rendimentos para realizarem seus sonhos mais rapidamente. Têm seus sonhos bem claros, definidos e com prazos estipulados. Particularmente, é muito gratificante vê-los realizarem seus sonhos, felizes e motivados para conquistarem ainda mais sonhos.

Referência Bibliográfica

Domingos, Reinaldo. *Terapia Financeira*. Editora DSOP. 2022. Página 34.

QUANDO FUI CONVIDADO PARA CONTRIBUIR COM ESTA OBRA, CONFESSO QUE PENSEI EM INÚMEROS TEMAS QUE EU PODERIA ABORDAR, MAS SOMENTE UM TERIA O PODER DE GERAR UM IMPACTO SEM FIM E PARA SEMPRE NA HISTÓRIA

CONSTRUINDO UMA NOVA GERAÇÃO POR MEIO DA EDUCAÇÃO FINANCEIRA

ARQUIVO PESSOAL

Paulo Renato Oliveira é administrador e contador mestrando em Business Administration in Financial Education pela Florida Christian University. Concluiu MBA em Finanças pelo Instituto Brasileiro de Mercado de Capitais - IBMEC e é pós-graduado em Educação Financeira – **Metodologia DSOP** pela Universidade do Oeste Paulista – Unoeste.

Com mais de quinze anos de experiência nas áreas financeira e contábil, em empresas multinacionais no Brasil e no exterior, compartilha sua *expertise* com milhares de empreendedores e famílias em seu canal no Youtube, Mais que Finanças. Além disso, é sócio fundador da Prezzo Contabilidade, empresa que ajuda pequenos e médios empreendedores a organizar suas finanças.

Quando fui convidado para contribuir com esta obra, confesso que pensei em inúmeros temas que eu poderia abordar, mas somente um teria o poder de gerar um impacto sem fim e para sempre na história da minha e da sua família.

Por isso, neste capítulo, quero compartilhar com você, leitor, a maior mudança que aconteceu comigo e que, sem dúvida, pode possibilitar uma transformação completa de vida e de futuro não só pelos próximos anos, mas por todas as gerações que virão depois de você, se absorver o espírito e a mentalidade que alicerçam este texto.

Bem, tudo começou em 1986, ano em que nasci, oriundo de uma família muito pobre, do alto de uma comunidade do Rio de Janeiro, no bairro de Realengo. E como todo menino pobre de comunidade, cresci vendo de perto a violência e as privações financeiras de quem vive na extrema pobreza material e mental. Sim, mental. Que, para mim, é a mais grave de todas e me fez viver por um longo período de escassez até meus 26 anos de idade.

Entretanto, como todos nós, não tive a opção de escolher em que condições financeiras nascer, o que me moldou durante quase três décadas a ter pensamentos que me limitavam a achar que ser uma pessoa rica é ser uma pessoa má; que dinheiro é sujo; que se eu nasci naquelas condições é porque Deus quis assim e deveria aceitar isso de todas as formas, uma vez que todos os meus antecessores – pais, avós, bisavós – viveram suas vidas na pobreza e na escassez. Mas o fato é que, mais à frente, eu descobri que não temos a capacidade e a opção de definir a situação em que nascemos, mas podemos escolher em qual estaremos quando partirmos desta vida, por meio de uma decisão com base em um propósito e sonho. E a isso chamo de legado de honra, e você entenderá no final deste texto.

O desejo de mudar a situação é o primeiro passo

Lembro que tinha 11 anos de idade quando comecei a tomar consciência do que era ter nascido em uma família extremamente pobre, vendo meu pai, que era pedreiro, e minha mãe, dona de casa, fazerem de tudo para ter pelo menos um ovo em nossa mesa, ainda que algumas vezes precisassem dividi-lo entre quatro pessoas. Conviver com meus colegas de escola que moravam fora da comunidade, conseguindo ter pelo menos uma roupa de qualidade e o que comer, começou a despertar em mim um sentimento de indignação com a situação que eu vivia, que inclusive me possibilita entender hoje o porquê de muitos jovens, num impulso emocional de resolver seus problemas, escolherem um caminho errado, como o tráfico de drogas, por exemplo. E sabemos a que fim leva essa escolha.

No entanto, isso para mim nunca foi uma opção. Ao contrário, preferi adotar a autorresponsabilidade e, como irmão mais velho, iniciei pequenos "bicos", exercendo trabalhos informais para ajudar a minha família a pelo menos se alimentar e conseguir me vestir.

Esse desejo de mudança, que carrego até os dias de hoje, conduziu-me a encontrar pessoas e oportunidades incríveis, principalmente por meio da educação. Seja no ensino formal, conseguindo ingressar na primeira faculdade como bolsista, seja cursando renomadas pós-graduações no Brasil e no exterior. A busca constante pela educação, em especial a financeira, passou a ser um estilo de vida em minha família.

E, reforçando, o principal é ter vontade de querer mudar! É preciso desejar isso ardentemente, mais do que somente aprender algo novo. É a sua decisão de mudar, e de cumprir um propósito de construir uma nova vida, que vai te proporcionar uma força sobrenatural, conduzindo a caminhos que não somente mudarão o seu destino, mas o de seus filhos e de suas futuras gerações.

O momento que a Educação Financeira mudou a minha vida

Todos nós temos um sonho: alcançar um bem, fazer uma viagem, ter uma vida melhor. Mas, para mim, nunca houve sonho maior do que ser pai. E foi no ano de 2012 que a minha vida mudou completamente. E isso aconteceu em dobro, com a chegada das minhas gêmeas Manuela e Gabriela. A realização desse sonho, que é o de ser pai, trouxe-me maior responsabilidade e motivação sobrenatural para projetar o futuro delas, afinal eu jamais desejaria para minhas filhas o que passei na minha infância. Em meio à alegria de receber essa notícia, em janeiro de 2012, ao mesmo tempo fui tomado por um misto de desespero e de preocupação: com 26 anos de idade e casado há apenas dois anos, apesar de já estar formado em Administração de Empresas, eu estava afundado em uma dívida que chegava à casa dos R$ 100.000, resultado de uma série de decisões erradas, com a utilização de crédito e cartões de crédito de forma indiscriminada. Estava naquele momento colhendo os frutos de não ser educado financeiramente, apesar de sempre buscar educação de várias formas. E o maior agravante não eram somente as dívidas, mas o famoso "deixa a vida me levar". Afinal de contas, éramos só eu e minha esposa, e vivíamos um dia após o outro, sem nos preocupar em poupar recursos. Logo, organizar-me financeiramente passou a ser não somente uma questão de sobrevivência para pagar as contas, mas minhas decisões, a partir de então, produziriam impactos diretos na vida de cada uma das minhas filhas.

Vivia um momento de incerteza e de preocupação, afinal não seria apenas a chegada de uma filha, mas com a alegria de ser pai viriam despesas em dobro, com fraldas, alimentação, educação e todos os custos que envolvem a criação de um filho. Nesse momento, um ponto de inflexão na minha vida foi criado, e eu tinha mais uma vez dois caminhos a seguir: continuar com os velhos hábitos em relação ao dinheiro oriundo da mentalidade de escassez com o qual fui criado ou buscar novos conhecimentos para poder transformar minha mente e comportamento e sair da minha situação de endividado contumaz para uma vida abundante. Sem dúvida, ao pensar em todas as dificuldades que passei, decidi buscar a mudança na minha vida financeira, porque em hipótese alguma desejaria que minhas filhas passassem pelo mesmo problema que passei. Posso dizer que ser pai me deu o *start* para eu procurar me tornar um ser humano educado financeiramente.

É importante destacar que todo começo de mudança é muito difícil. Disse anteriormente que o desejo ardente é pólvora para começar a decolar, mas isso não vai tornar a mudança mais fácil, pois sacrifícios serão necessários para que você possa realmente transformar a sua mente e o seu comportamento em relação ao dinheiro.

E foi exatamente o que fiz. Dei início a uma busca incansável por conhecimento sobre finanças, planilhas de orçamento, aplicativos de finanças para controle de gastos e formas para poder trabalhar e ganhar mais, saindo das dívidas e evitando enfrentar uma situação financeira muito difícil com a chegada das minhas filhas. Porém, o tempo foi passando e, quando as meninas estavam prestes a nascer, apesar de toda a minha busca por técnicas matemáticas financeiras que produzissem algum resultado, algo ainda estava faltando e somente a Educação Financeira poderia proporcionar: uma mudança de mentalidade e de comportamento. O que eu precisava mesmo era de uma transformação dos hábitos de consumo, entender o porquê de cada coisa, e não somente planilhar os gastos depois da frustração com a chegada da fatura do cartão de crédito.

As meninas nasceram prematuras, com 8 meses. Os dois primeiros anos foram muito desafiadores, me equilibrei sobre uma corda bamba com duas crianças nos braços. Após dois anos, comecei a aprender a diagnosticar onde estava errando e passei a cortar o supérfluo; com isso aprendi a poupar de verdade, e não somente a guardar dinheiro, mas carimbar o recurso que antes era gasto com futilidades. E quando digo futilidade, destaco que isso é muito particular, mas sempre reforço que é muito importante se fazer duas perguntas antes de consumir qualquer produto ou serviço:

1. O que eu ganho comprando esse produto ou serviço?

2. O que eu perco se eu não comprar esse produto ou serviço?

Se você não tiver respostas claras para as duas perguntas, não compre! Provavelmente, esse consumo trará frustração para você.

A partir dessa mudança de pensamento, passei a seguir de fato um orçamento realista com base no meu momento de carreira. Assim comecei a dar os primeiros passos em direção não somente ao fim das dívidas, mas à realização dos nossos sonhos e das nossas filhas. Comecei a olhar o dinheiro não como um vilão, mas como um instrumento para realizar projetos. E da mesma forma fiz com o crédito, que você precisa saber usar para realizar o que quer, e não se tornar um escravo das instituições financeiras, como eu era. Ao contrário do que muita gente diz, que é melhor sempre pagar à vista do que a prazo, negociar um crédito para a abertura de um negócio ou para a conquista de um sonho, preservando o seu fluxo de caixa, pode ser uma alternativa para a sua sustentabilidade financeira a longo prazo. Tudo vai depender do seu momento de vida.

A visão que a Educação Financeira nos traz possibilita olharmos as finanças além dos números e entender que o comportamento em relação ao dinheiro é muito mais importante do que a técnica propriamente dita de administrá-lo. Durante muito tempo, busquei a formação técnica financeira, que foi muito importante para chegar aonde estou hoje. Porém, aprender sobre o comportamento humano não somente me fez sair do pensamento de escassez, mas me possibilitou aprender a construir uma mentalidade próspera para minhas filhas no comportamento delas em relação ao dinheiro.

Essa mudança é um processo, que precisa ser trabalhado individualmente, mas é altamente possível que você alcance essa transformação financeira começando pelo desejo de mudar. E, na sequência, entendendo o porquê mudar, que será aquilo que não lhe fará desistir nos momentos de desânimo.

No meu caso, meu fator propulsor foram as minhas filhas, minhas queridas gêmeas Manu e Gabi, que me fizeram buscar essa transformação financeira. E, possivelmente, você está lendo este livro porque também tem filhos ou deseja tê-los um dia. Está aí uma razão pela qual você precisa, hoje, começar a buscar a mudança de sua mentalidade e comportamento financeiro.

Posso dizer que os últimos dez anos foram os melhores da minha vida, pois a Educação Financeira realmente mudou o meu ser, proporcionando que fizesse coisas que não conseguia antes e ter o que nem nos meus melhores sonhos eu imaginava conquistar um dia. Mas, o melhor de tudo: essa mesma Educação Financeira que me fez chegar até aqui, hoje me possibilita construir um legado.

O Legado de honra da Educação Financeira

A morte é inevitável! Não importa seu estado de saúde, seu patamar social ou sua condição financeira. Ela certamente vai chegar. Mas, calma, você não precisa viver pensando nisso, Mas pode pensar no que deixará para as próximas gerações a partir das suas escolhas.

> **SOMOS O QUE CONSTRUÍMOS A PARTIR DO MOMENTO EM QUE NASCEMOS. E, MAIS AINDA, SOMOS O QUE ENSINAMOS E DEIXAMOS PARA AS PRÓXIMAS GERAÇÕES, COM OS NOSSOS FILHOS.**

E é interessante falar sobre isso, pois a muitos de nós nos ensinaram que somos o que nascemos, mas eu penso diferente; penso que somos o que construímos a partir do momento em que nascemos. E, mais ainda, somos o que ensinamos e deixamos para as próximas gerações, com os nossos filhos. E então faço uma pergunta: que legado você tem construído? De honra ou de vergonha? Pense nisso.

Certamente, se você ficou em dúvida a sua situação não está muito boa, não é verdade? Eu sei, já passei por isso. E, sendo bem sincero, ainda passo. Pois nossa vida será sempre de incerteza e instabilidade. Inclusive, certa vez ouvi de um grande palestrante que "estabilidade não existe". E isso é bem real. Porém, momentos difíceis tendem a ser aqueles em que buscamos soluções para resolver um determinado problema.

Você conheceu um pouco da minha história neste breve relato aqui, neste livro. E viu o quanto tive de quebrar paradigmas para poder estar neste momento escrevendo isso para você. Veja, acredite, é possível!

Quando conheci a Educação Financeira, eu queria apenas pagar as contas, sair das dívidas e fugir do medo da fome e da escassez que me assombrava. Tudo o que queria era apenas que minhas filhas não passassem pelos mesmos problemas que enfrentei e carreguei como trauma por 26 anos da minha vida.

Porém, descobri que a Educação Financeira pode ser muito mais que isso, se você internalizá-la no seu coração e adotar como cultura na sua família.

Por exemplo, quando você ensina sobre mesada para seu filho, você não está somente ensinando-o a guardar dinheiro para comprar um brinquedo ou pagar aquele passeio no parque no final do mês. Você está introduzindo na mente dele a ideia de que o dinheiro é importante, que ele pode realizar sonhos e projetos, que pode ser rico, que pode ter muito dinheiro, que isso não é errado. Mas, acima de tudo, está mostrando para ele que somente com o dinheiro, sem valores, sem família, sem a paternidade, sem o amor, só aquele pedaço de papel não faz sentido algum.

O que quero dizer com esse exemplo é que você pode construir um legado de honra! Você pode transformar a história da sua família por completo, como nunca imaginou.

Vou relatar algo para você. Neste momento, eu, que nasci em uma comunidade, vivi 26 anos na escassez, enfrentei uma centena de dívidas, estou me preparando para o maior desafio da minha vida: mudar como residente permanente para os Estados Unidos, a primeira economia do mundo!

Olhando do ponto de vista material, parecia ser impossível para alguém, que veio de uma situação como eu vim, realizar um projeto dessa magnitude. Até mesmo estudar seria algo fora do comum para um ex-favelado. Porém, algo maior ainda irá acontecer, meus netos muito provavelmente serão brasileiros e americanos. Ou seja, a construção de uma nova geração em um lugar onde nunca imaginei que poderia chegar, pois meu pensamento de escassez há dez anos me limitava.

Portanto, meu amigo e minha amiga, quero encorajá-los partir deste momento, ao terminar a leitura deste livro, tome uma decisão! Não somente de buscar Educação Financeira, mas de transformar a vida da sua família a partir desses conhecimentos, para realizar todos os seus sonhos e dos seus filhos.

A Educação Financeira pode, sim, transformar sua vida, mas acima de tudo pode ajudar a construir um legado de honra a partir de sua decisão.

UM FILHO DE 5 ANOS PROCURA SEU PAI E PEDE R$10, PARA COMPRAR UM LANCHE NA ESCOLA. DE IMEDIATO, SEM NENHUMA PERGUNTA, PONDERAÇÃO OU MESMO ORIENTAÇÃO, AQUELE PAI PEGA A SUA CARTEIRA,

EDUCAÇÃO FINANCEIRA COMO BASE PARA OS SONHOS DE NOSSOS FILHOS

ARQUIVO PESSOAL

Roberto Tarquinio é natural de Recife, Pernambuco, onde se graduou em Administração pela Universidade Pitágoras – Unopar, e em Teologia pela Academia Memorial de Ensino Superior de Pernambuco – AMESPE. É pós-graduado em Educação Financeira – **Metodologia DSOP** pela Universidade do Oeste Paulista – Unoeste, e membro da Associação Brasileira de Profissionais de Educação Financeira – ABEFIN.

Desde 2007 é supervisor de vendas em uma empresa de distribuição, que atua no setor alimentício de Pernambuco. Paralelamente, trabalha como educador financeiro e ministra palestras voltadas para a comunidade cristã, disseminando conhecimento sobre como preservar o nome perante os órgãos de proteção ao crédito e como administrar os recursos financeiros.

Um filho de 5 anos procura seu pai e pede R$10, para comprar um lanche na escola. De imediato, sem nenhuma pergunta, ponderação ou mesmo orientação, aquele pai pega a sua carteira, retira o valor solicitado e entrega na mão do filho. A partir daí, o dinheiro já tem seu destino certo – o lanche proposto. Essa é uma cena clássica nas famílias brasileiras, de forma geral. A princípio, nada de preocupante que chame a atenção ou que possa comprometer financeiramente qualquer uma das partes, não fosse o destino que foi dado ao dinheiro e o modo como foi conduzido o pleito.

Ao receber do pai aquela quantia, a criança compra o lanche e tantas outras coisas que aquele dinheiro permitir comprar. Certamente, dias depois a cena se repetirá, outras vezes mais. Isso nos faz refletir sobre a forma como essa ação vai se concretizando no subconsciente da criança, levando-a a criar o conceito de que ela pode gastar tudo o que ganha, sem se preocupar com a origem do dinheiro, o quanto deve guardar para o futuro ou mesmo o quanto poderia economizar, comprando um lanche mais em conta. Isso tende a se firmar na mente da criança como um aprendizado de que tudo que vier à mão pode e deve ser gasto por completo, o que não é correto, e com certeza esse modo de pensar vai acompanhá-la até longos anos de sua vida adulta.

É importante lembrar que hoje, no Brasil, a inadimplência é uma realidade para quase 63,27 milhões de pessoas, segundo dados da Confederação Nacional de Dirigentes Lojistas – CNDL e do Serviço de Proteção ao Crédito – SPC Brasil, tendo apresentado um crescimento de 8,7% em comparação a julho de 2021 (CNDL, 2022). Daí a importância de se educar financeiramente as crianças desde cedo. Conforme informa o Núcleo Ciência pela Infância – NCPI, evidências científicas têm mostrado que o cérebro se desenvolve rapidamente entre 0 e 6 anos de idade, quando o aprendizado de habilidades e o desenvolvimento de aptidões e competências acontecem com maior facilidade.

Na minha caminhada como educador financeiro, conversando com as pessoas sobre finanças pessoais e familiares, tenho observado que a maioria delas não faz qualquer tipo de acompanhamento nem utiliza planilha para orientação. Elas simplesmente administram seus bens e todos os seus recursos financeiros de forma aleatória. Isso pelo fato de nunca terem recebido ensinamento por parte dos pais ou responsáveis, entidades de ensino, Igreja, etc. Em vista disto, o que as pessoas fazem para administrar o dinheiro resume-se em aguardar o dia de receber o salário, priorizar as contas mais importantes e ver até onde o saldo dá para pagar as demais contas, um verdadeiro risco para a saúde financeira no futuro. O resultado se reflete em inadimplência, como já vimos. Sem falar nas influências negativas geradas pela falta de Educação Financeira, que são devastadoras, e vão desde o comprometimento da saúde mental, espiritual e profissional, chegando ao rompimento dos relacionamentos familiares e à não preservação do bom nome junto aos órgãos de defesa do consumidor.

Considerando que a educação carrega em si o poder de transformar as pessoas em diversos aspectos, tanto na geração de conhecimento quanto na possibilidade de estimular e desenvolver aptidões diversas, o ensino da Educação Financeira é de extrema importância para o crescimento pessoal e familiar, sendo relevante para toda a vida.

Na atualidade, a Educação Financeira é tema obrigatório na grade curricular da Educação Básica e nos Ensinos Fundamental e Médio, segundo a Base Nacional Comum Curricular (BNCC). Trata-se, também, de um conteúdo muito divulgado em plataformas de instituições financeiras, redes sociais e órgãos de defesa do consumidor, mas é clara a falta de conhecimento por parte das pessoas, de forma geral.

Certamente, a inclusão na grade curricular foi um grande passo dado, porém, conta-se ainda com uma longa caminhada até que todos os cidadãos sejam educados financeiramente durante a infância.

A minha história de vida não é das mais privilegiadas, da infância até a fase adulta. Acredito que muitos de vocês, leitores, identifiquem-se em algum momento com o que vou contar. Nascido na cidade de Recife, em Pernambuco, sou filho de pai mecânico de automóvel e mãe contadora, obrigada a deixar suas atividades profissionais para viver em função do marido e dos filhos que viriam. Quando tinha 8 anos de idade, aproximadamente, meu pai resolveu nos deixar para ficar com outra mulher, que até então realizava tarefas domésticas dentro de nossa casa – era considerada quase membro integrante da família. A partir desse momento, minha mãe caminhou durante toda a vida sozinha no propósito de criar três filhos homens, sendo eu o do meio.

Na luta para conseguir sustentar os filhos, sua vida se resumia em obter recursos financeiros para nos alimentar. Pouco tempo e condições teve para nos instruir ou mesmo nos ensinar sobre a importância da educação para realizar nossos sonhos. Para sobreviver, resolveu costurar com uma máquina que tinha em casa e aprendeu a fazer bainha em calças e roupas diversas, o que a ajudou a gerar renda. Bem depois, tornou-se costureira, não de formação, mas autodidata, pela necessidade. Uma mãe batalhadora e determinada que resolveu, após a separação, criar sozinha os seus filhos, assim como tantas outras no mundo.

Assim foi a nossa vida até eu completar 17 anos e meio de idade, quando então surgiu o serviço militar obrigatório, o qual servi por três anos, sendo posteriormente incorporado ao quadro do estado de Pernambuco como Policial Militar. Após essa longa caminhada, comecei a perceber que não existia um objetivo de vida que me levasse a algum caminho promissor, somente trabalhava para receber o dinheiro que iria gastar, pagando débitos que assumia comprando bens para meus prazeres diários. Até conhecer minha futura esposa – Cristina Tarquinio –, que foi um instrumento que Deus usou para dar um norte a minha vida, um verdadeiro divisor de águas. Atualmente, vivemos juntos em família com um só propósito, amar e cuidar um do outro e dos filhos, união que já dura trinta e sete anos.

Lembro-me de que, em meados de setembro de 1996, após concluir o serviço militar, recebi uma proposta para fazer parte de uma seleção para a vaga de vendedor externo em uma indústria brasileira de grande porte, e uma das exigências era possuir um veículo para atender os clientes, o que seria um grande problema para mim, que não tinha um carro nem condições de comprá-lo ou financiá-lo.

Um funcionário daquela empresa, que era muito amigo do meu irmão, financiou o carro em seu nome, para que eu não perdesse a oportunidade de ser contratado. Porém, ele impôs como condição que eu nunca atrasasse o pagamento de nenhuma parcela, para não causar dano ao seu nome, sob pena de não obter o perdão de seu pai, que a vida toda, desde a infância, ensinou-lhe que não deveria emprestar o seu nome a alguém que não fosse comprometido, pois o nome era tudo que uma pessoa tinha de mais precioso na vida.

Lembro-me de que no tempo de meus pais e avós existiam aquelas mercearias de bairro onde se compravam os produtos de primeira necessidade e o crédito era adquirido pelo sobrenome da família, ou seja, se alguém fosse ao estabelecimento comprar algum produto para pagar posteriormente, o proprietário perguntava pelo sobrenome da família e, então, a compra seria liberada ou não, conforme o crédito. Nos dias atuais, o crédito se dá pelo número do Cadastro de Pessoa Física - CPF, que, após uma consulta, pode ser aprovado ou não, de acordo com a pontuação adquirida pelo histórico de pagamentos de uma pessoa, o que pode ser verificado pelos birôs de crédito.

No início, tudo era uma realidade muito sombria e a minha vida era como um simples passatempo, sem nenhum sentido, sem nenhuma disposição ou ânimo para estudar, profissionalizar-me ou mesmo me preocupar com a construção do meu futuro. Isso até os quase 40 anos de idade, quando me determinei a concluir o Ensino Médio e, posteriormente, ingressar no meu primeiro curso superior. A partir daí, o caminho não teve mais fim. Concluí os cursos de graduação em Administração e em Teologia, e por último uma pós-graduação em Educação Financeira – **Metodologia DSOP**, que tem como objetivo principal formar educadores financeiros para prestar atendimento individual, familiar ou em grupo, levando conhecimento a famílias e comunidades. A partir desse momento, essa metodologia passou a fazer parte de minha vida, em todos os sentidos.

Ao me formar no curso de Teologia, as oportunidades foram surgindo e passei a ser convidado a realizar sermões e estudos em Igrejas cristãs, o que de imediato me fez pensar em disseminar o conhecimento adquirido sobre Educação Financeira para essa comunidade. Foi aí que descobri que existia um problema com o público cristão que precisava ser trabalhado em caráter urgente: o bom testemunho pela preservação do bom nome. Percebi que a minha vida não seria um exemplo adequado a ser seguido naquele momento. Comecei a me incomodar ao saber que eu pregava uma perfeição à imagem de Jesus Cristo, que por meio de seu ministério nos ensinou que, como discípulos dele, precisávamos dar bons exemplos ao mundo e ter um bom nome perante a sociedade, mas a minha vida mostrava exatamente o contrário.

Logo entendi que, para um cristão convicto, adepto da Bíblia como um manual para a vida, era imprescindível buscar compreender o que Deus orienta em relação ao dinheiro e à administração de bens, de forma geral.

Lâmpada para os meus pés é a tua palavra,
e luz para o meu caminho. (Salmos 119:105)

Dava-se início, então, a minha caminhada como educador financeiro, cuidando em primeiro lugar do meu nome, para que depois pudesse com propriedade ajudar as pessoas a preservar os seus perante o mercado e as instituições financeiras. Não me conformava em saber que como profissional que atua educando as pessoas a cuidar de suas finanças não conseguia cuidar sequer das minhas.

Foi quando comecei meus estudos sobre o assunto e minha busca incessante pelo conhecimento. Passado um tempo, realizei uma série de palestras em Igrejas, com o objetivo de educar os pais cristãos a ensinarem seus filhos sobre o assunto.

Howard Dayton, autor do livro *O meu dinheiro*, que traz uma abordagem da Bíblia como um guia para ganhar, gastar, economizar, investir, contribuir e livrar-se das dívidas, cita logo na introdução que Jesus falou mais sobre dinheiro do que quase todos os outros assuntos. Segundo Dayton (2002, p. 8): "Há na Bíblia quinhentos versículos sobre oração e menos de quinhentos sobre fé; porém, mais de dois mil trezentos e cinquenta sobre dinheiro e posses".

O autor, ao ler a Bíblia com um amigo para entender por que estava tomando decisões financeiras erradas para os negócios e para as famílias, percebeu que no livro há ensinamentos sobre como administrar bem o dinheiro, consumir de forma consciente, cuidar dos bens, priorizar a doação como princípio de sabedoria e de obediência, e sobre a importância de poupar, investir, ter uma reserva de segurança e demais aspectos considerados de fundamental importância para a saúde financeira.

Portanto, se vocês não forem fiéis na aplicação da riqueza injusta, quem lhes confiará a verdadeira riqueza? (Lucas 16:11)

Nesse texto, Jesus considera que há uma relação entre a maneira como lidamos com o dinheiro e o sagrado, sabendo que se administrarmos de maneira apropriada as nossas finanças, de acordo com as escrituras sagradas, de forma honesta, nossa comunhão com Cristo será mais consolidada.

O autor do livro de Provérbios, uma compilação de orientações e ensinamentos para a vida, conhecido como Rei Salomão, deixa clara a sua intenção ao considerar, logo nos primeiros versículos, o aprendizado para a sabedoria e o ensino, o entendimento das palavras de inteligência para se obter o bom proceder com base no temor ao Senhor. Ao considerar que devemos ensinar à criança o caminho por onde deve andar, fica evidente a preocupação de que precisamos formar, instruir e educar enquanto a mente encontra-se em formação.

Ensine à criança o caminho em que deve andar,
e ainda quando for velha não se desviará dele. (Provérbios 22:6)

Dada a relevância do assunto, destaco algumas orientações sobre o tema que é abordado nas escrituras sagradas. Em primeiro lugar, o aprendizado deve ocorrer desde a mais tenra idade. Sendo assim, ensinar a lidar com dinheiro, com o consumo, conscientizar a participar das tarefas domésticas como ajudantes dos pais, aprendendo desde cedo o sentido de economizar, noções de empreendedorismo na linguagem infantil, geração de renda para a sobrevivência e construção de reserva para realização de sonhos é de vital importância para que as crianças aprendam a lidar com o dinheiro como meio para concretizar seus sonhos durante toda a vida.

O livro do profeta Isaías, no Antigo Testamento, destaca a importância de gastar dinheiro no que alimenta, ou seja, no que é importante para a sobrevivência, dando a entender sobre controlar o consumo para que o dinheiro não seja desperdiçado com produtos e serviços considerados desnecessários, supérfluos, aqueles que não são de cunho necessário para a sobrevivência.

> **“AO CONSIDERAR QUE DEVEMOS ENSINAR À CRIANÇA O CAMINHO POR ONDE DEVE ANDAR, FICA EVIDENTE A PREOCUPAÇÃO DE QUE PRECISAMOS FORMAR, INSTRUIR E EDUCAR ENQUANTO A MENTE ENCONTRA-SE EM FORMAÇÃO.**

Esse versículo orienta que é preciso cuidar do modo de desfrutar o banquete do Senhor, mostrando que a incredulidade leva ao consumo desenfreado, tornando-se muito oneroso. Portanto, o consumo deve ser controlado, sabendo diferenciar-se o que é necessidade do que é vontade. A referência ao pão nesse contexto se dá pelo alimento necessário para a sobrevivência. Jesus Cristo se apresentou aos discípulos em seu ministério como sendo o pão da vida, e quem se alimenta dele jamais terá fome.

> **Por que vocês gastam o dinheiro naquilo que não é pão; e o seu suor, naquilo que não satisfaz? Ouçam com atenção o que eu digo, comam o que é bom e vocês irão saborear comidas deliciosas. (Isaías 55:2)**

A criação de reserva de emergência para uma necessidade futura é importante para estruturarmos nossa vida. Em meados do mês de março de 2020, o mundo enfrentou uma avalanche de perdas de vidas pela pandemia da Covid-19, o que refletiu diretamente na saúde mental e financeira da humanidade. Com a implantação do *lockdown,* as pessoas foram obrigadas a se isolar em suas casas, para evitar que a pandemia se alastrasse, o que também afetou o trabalho de forma geral e, consequentemente, a obtenção de renda para a sobrevivência. Nunca foi tão necessário ter uma renda extra guardada para ajudar a passar por esse período desastroso. Aquele que tinha uma reserva de emergência certamente teve mais facilidade de superar esse período, sem maiores danos.

O livro de Gênesis, nome grego que significa "origem, início", nos capítulos 40 e 41 descreve a história de um homem conhecido como José do Egito, o qual determinou ser obediente ao seu Deus, passando a vencer as dificuldades, desde ser vendido pelos irmãos até ser preso no Egito. Sua história relata que, após todas as injustiças cometidas contra ele, continuou sendo fiel a Deus, chegando a ser o governador do Egito. No momento em que ele estava preso, foi chamado pelo faraó para interpretar um sonho angustiante que ele havia tido e que ninguém de sua confiança e submissão conseguia fazê-lo. Sob a revelação de Deus, José interpretou o sonho, no qual havia sete vacas gordas e bonitas no pasto, que eram devoradas por sete vacas magras e feias. Assim também saíram sete espigas cheias e boas, nascendo depois sete espigas secas, mirradas e queimadas, que devoravam as sete espigas cheias e boas. Segundo a interpretação do sonho, as vacas gordas e bonitas e as espigas cheias e boas representavam sete anos de muita fartura, com a terra produzindo em abundância. Já as vacas magras e feias e as espigas secas, mirradas e queimadas representavam sete anos de muita escassez. Sendo assim, o faraó foi orientado por ele a escolher um homem sábio para se encarregar de administrar a terra do Egito no período da bonança, tendo como objetivo não sofrer nos dias de escassez e fome. Dessa feita, o faraó escolheu o próprio José para assumir o governo do Egito, que tomou a decisão de, durante todo o período de fartura, guardar alimento para que, no período de escassez, tivesse mantimento suficiente para alimentar a todos naquele lugar. Assim sucedeu, e a única terra que não teve dificuldade com a falta de alimento foi o Egito.

> **Esses administradores deviam ajuntar toda a colheita dos bons anos que virão, recolher cereal por ordem de Faraó, para mantimento nas cidades, e guardá-lo em armazéns. Assim, o mantimento servirá para abastecer a terra nos sete anos da fome que haverá no Egito, para que a terra não seja destruída pela fome. (Gênesis 41:35-36)**

A história confirma a necessidade da construção de uma reserva de segurança, para estar sempre preparado para dias difíceis. A bem da verdade, somos brasileiros e, de forma geral, não fomos educados a guardar e poupar.

É nesse sentido que os especialistas em finanças abordam com propriedade o assunto sobre a criação de uma reserva financeira para ter uma vida independente no futuro. Em especial, o professor Reinaldo Domingos, PhD em Educação Financeira, educador e terapeuta financeiro que, preocupado justamente com as crianças, publicou a *Coleção dos Sonhos de Educação Financeira*, com o objetivo de atender desde a

Educação Básica ao Ensino Fundamental. São livros para uso em sala de aula, com mediação do professor e apoio da família, cujos conteúdos estão embasados na **Metodologia DSOP**.

Em sua obra Terapia Financeira, ele trata da importância da reserva financeira para a realização de sonhos e necessidades, levando os leitores a serem questionados com uma pergunta no mínimo reflexiva, instigando os leitores a fazer as mesmas atividades que já praticam, mas de forma diferente.

> **Se, a partir de hoje, eu não tivesse mais o meu ganho mensal, por quanto tempo conseguiria manter meu padrão de vida? (DOMINGOS, 2012, p. 89).**

A ausência de uma boa Educação Financeira dentro da família pode causar influências negativas para todos. Entre elas, a negligência com o bom nome. A conservação e a preservação do bom nome têm fundamental importância para a família, de forma geral. O Livro de Provérbios, de Salomão, traz o ensinamento sobre a importância da manutenção do bom nome como prioridade fundamental para o bom testemunho do cristão.

> **Mais vale o bom nome do que as muitas riquezas;**
> **ser estimado é melhor do que a prata e o ouro. (Provérbios 22:1)**

O texto remete à análise de que um homem preserva o seu bom nome quando é uma boa pessoa, cumpre as leis e adquire sabedoria, obtendo o favor do Senhor a cada passo de seu caminhar. Complementa ainda que é mais importante ter um bom nome do que muitas riquezas, e que deve ser valorizado acima de tudo, pois revela a natureza real da pessoa.

A participação da família no planejamento é de vital importância para a construção de uma vida financeira saudável. No livro Gênesis, ao criar o homem, Deus esmerou-se para que ele não ficasse só, e assim foi criada uma ajudadora idônea.

> **E disse o Senhor Deus: Não é bom que o homem esteja só; far-lhe-ei uma ajudadora idônea para ele.** (Gênesis 2:18)

O texto faz menção a um relacionamento de cumplicidade, com a participação de ambos em todos os aspectos. Se todos na família utilizam de igual forma a água, o gás, a energia e muitos outros serviços, é incoerente que apenas um participe do orçamento das contas como sendo o mantenedor ou mesmo que as contas sejam feitas separadamente, algo como: "o que eu ganho é meu, o que é teu é teu". Ainda que algum membro da família não trabalhe ou mesmo não disponha de renda, isso não justifica a não participação no processo de administração das finanças. Caso alguém não possa contribuir com dinheiro, pode economizar de alguma forma no consumo, deixando de comprar itens desnecessários e, principalmente, pode-se cobrar uns dos outros ações que colaborem no orçamento. O importante é que todos tenham conhecimento dos recursos de que a família dispõe e de todos os seus custos para saberem até que ponto existem recursos disponíveis.

Ainda nesse sentido, o autor do livro de Eclesiastes orienta sobre a importância de ter uma companhia para compartilharem as dificuldades, as necessidades, os projetos e os sonhos, pois assim um ajuda o outro, facilitando quando for necessário. Assim também fala sobre a importância de trazer Jesus para dentro de seus lares, como ajudante na hora de tomar decisões que exijam urgência, principalmente.

Melhor é serem dois do que um, porque têm melhor
paga do seu trabalho.
Porque se um cair, o outro levanta o seu companheiro; mas
ai do que estiver só; pois, caindo, não haverá outro que o levante.
Também, se dois dormirem juntos, eles se aquentarão;
mas um só, como se aquentará?
E, se alguém prevalecer contra um, os dois lhe resistirão;
e o cordão de três dobras não se quebra tão depressa.
(Eclesiastes 4:9-12)

Quando descobri a força que a família unida tem no planejamento financeiro, tornou-se prática comum a participação de todos – esposa e filhos – na tomada de decisão em nosso lar.

O ato de doar sempre esteve presente na humanidade, não só praticado pelas pessoas de uma forma em geral, preocupadas com aqueles menos favorecidos, como também pelas empresas, daí a existência de tantas Organizações Não Governamentais (ONGs) para dar suporte humanitário.

Nas escrituras sagradas, o Livro de Deuteronômio – nome originado de uma tradução da Septuaginta, que significa "uma cópia desta lei" – é considerado uma releitura da aliança entre Deus e seu povo de Israel.

O texto contido no capítulo 15 trata do ano da remissão e traz uma orientação do Senhor ao seu povo, para que ao final de sete anos fosse feita a remissão. Seriam seis anos de trabalho cultivando a terra e, no sétimo ano, seria concedida a liberdade aos escravos e haveria o descanso da terra. Tudo com o intuito de mostrar o tratamento humano quanto à relação comercial. Quando o devedor não tivesse como pagar ao credor, esse ano seria dado como quitado, mostrando uma preocupação com o menos favorecido. Havia uma promessa de Deus para o povo, caso cumprisse a determinação do Senhor, que se encontra no capítulo 6, segundo a qual a bênção de Deus seria abundante e a riqueza do povo de Israel iria crescer. Em vez de viver se sujeitando a outros povos, Israel seria líder entre eles. Nos versículos 7 e 8, a orientação é de que o povo não deve endurecer o coração, destacando a atitude benevolente das pessoas em relação aos pobres, porque estes nunca deixariam de existir na terra, e valorizando a atitude de gratidão para com Deus pelas bênçãos que o Senhor as tinha dado. Esse texto nos admoesta a exercer a bondade para com o próximo e obedecer ao Senhor, seguindo a todo custo suas orientações e se preocupando com a distribuição de renda para uma sociedade mais justa e igualitária financeiramente.

> **Para que não haja pobre no meio de vocês. Porque o Senhor,**
> **o Deus de vocês, os abençoará ricamente na terra que lhes**
> **dá por herança, para que vocês tomem posse dela,**
> **se apenas ouvirem atentamente a voz do Senhor,**
> **seu Deus, cumprindo todos estes mandamentos que hoje**
> **lhes ordeno. (Deuteronômio, 15:4,5)**

Correlato a esse aspecto, porém, percebe-se que, por uma razão ou outra, algumas pessoas já adquiriram uma dependência grande em serem ajudadas, passando a viver de doação. É importante saber que na vida todos precisam produzir e gerar finanças para a própria sobrevivência.

A Bíblia trata o trabalho como bênção e uma fonte de riqueza para a sustentação. O texto de Gênesis, no seu capítulo 3, traz a perspectiva que Deus tinha do homem ao haver desobedecido sua ordem, sendo vencido pela tentação de provar o fruto contido na Árvore do Conhecimento do Bem e do Mal, no Jardim do Éden. A partir daquele momento dava-se origem ao pecado, o que levaria o restante da humanidade a adquirir por herança esse mal. Segundo esse texto, Deus expulsou o homem do Jardim para que também não viesse a provar do fruto do conhecimento da vida e da morte, passando a ser como o próprio Deus. Nesse cenário, foi determinado, entre outros aspectos, que o homem iria comer do seu próprio suor até que a vida deixasse de existir.

> **No suor do seu rosto você comerá o seu pão, até que volte à terra, pois dela você foi formado; porque você é pó, e ao pó voltará. (Gênesis 3:19)**

Nesse sentido, percebemos que o ciclo de vida do ser humano em todas as fases, sejam elas a infância, a adolescência ou a maturidade, sempre passa pelas etapas que envolvem necessidade, aquisição, consumo e escassez. Esse processo só tem fim quando se encerra o tempo de existência. Pensando nessa teoria e sabendo que tudo custa dinheiro, o conceito de trabalho se fideliza em nossas vidas como fonte de sustentação, riqueza e bênção.

Caro leitor, nossa expectativa é de que, por meio dessa leitura, você tenha notado o quanto a Educação Financeira é fundamental como base para todos os sonhos de nossos filhos, por isso deve ser ensinada no ambiente familiar logo nos primeiros anos de vida das crianças, tendo como base os princípios e os ensinamentos bíblicos. Assim será possível construir uma sociedade mais consciente nas escolhas quanto à forma de lidar com o consumo e com o crédito.

Referências Bibliográficas

BÍBLIA de Estudo NAA: Nova Almeida Atualizada. São Paulo: Sociedade Bíblica do Brasil, 2017.

CNDL BRASIL – Confederação Nacional de Dirigentes Lojistas. Inadimplência é a maior em oito anos atinge 63,27 milhões de brasileiros, aponta CNDL/SPC Brasil. *CNDL Brasil,* 22 ago. 2022. Disponível em: https://site.cndl.org.br/inadimplencia-e-a-maior-em-oito-anos-e-atinge-6327-milhoes-de-brasileiros-aponta-cndlspc-brasil/. Acesso em: 28 mar. 2023.

DAYTON, H. *O meu dinheiro*. Pompeia: Bless Gráfica e Editora, 2002.

DOMINGOS, R. *Terapia Financeira*. São Paulo: Editora DSOP, 2022.

DOMINGOS, R. *Mesada não é só dinheiro*. São Paulo: Editora DSOP, 2015.

DOMINGOS, R. *Nome sujo pode ser a solução*. São Paulo: Editora DSOP, 2019.

DOMINGOS, R. *Por que enfrentamos crises e não estamos preparados*. São Paulo: Editora DSOP, 2020.

DOMINGOS, R. *O menino do dinheiro vai à escola*. São Paulo: Editora DSOP, 2016.

PROJETO LITERÁRIO "MEU PRIMEIRO LIVRO" ABEFIN

A ABEFIN em sua missão, dentre suas finalidades, traz a grande oportunidade de desenvolvimento de novos autores sobre o tema Educação do Comportamento Financeiro.

Já foram publicadas quatro obras contemplando mais de 40 novos autores, que tiveram a oportunidade de realizar seus sonhos ao escrever seu primeiro livro.

Com essa iniciativa a ABEFIN cumpre com seu papel de disseminar a cultura e o letramento da Educação Financeira no Brasil e no mundo.

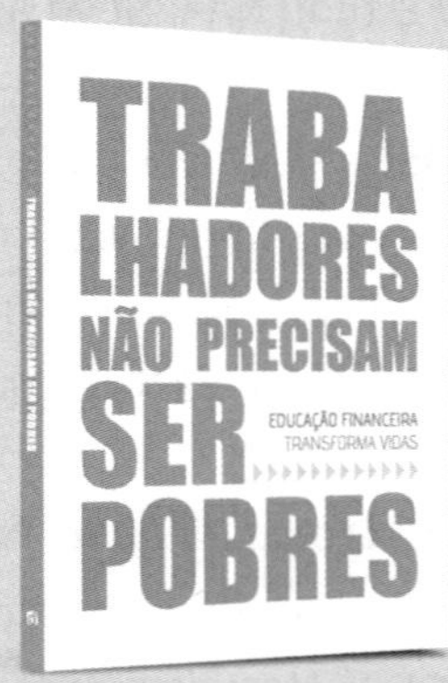